조선에 전주가 있다

全州会創立第二十五年記念号

조선에 전주가 있다

全州会創立第二十五年記念号

全州会 편, 김창주 역

신아출판사

일러두기

1. 일본의 연호는 서기로 바꿔 표기하였다.
2. 국내 지명의 일본식 한자 주소는 한국어 발음으로 옮겼다.
3. 일본 지명과 일본 내 주소는 일본어 발음으로 표기하였다.
4. 이 번역서의 저본은 全州会가 1979년 5월 일본 도쿄에서 발행한 『全州 : 全州創立第二十五年記念』(역자 소장)의 복사본이다.
5. 「」는 원문에서 강조, 인용문에 사용하였는데, 번역에서도 그대로 사용하였다.
6. ( ) 안의 한문, 일문은 원문의 내용을 옮겨 쓴 것이다.
7. 역자의 주는 모두 미주로 하였다.
8. 일본의 인명과 지명 등의 고유명사는 일본어 발음으로 표기하였다. 인명의 경우 그 발음이 다양하게 표기될 수 있음을 밝혀둔다.
9. 한자로 쓰인 중국 지명은 한국어 발음으로 옮겼다.
10. 이 책의 제호 "조선에 전주가 있다"는 역자가 지은 것이다.

전주회 창립 25주년을 맞이하여

전주회 회장 사토 준이치(佐藤準一)[1]

　지금은 고인이 되신 기타모토(北本) 회장, 명간사 구라하라 노리아키(倉原範顕)씨 및 임원들의 도움으로 간다(神田)의 이즈미(和泉) 회관에서「전주회」가 목소리를 낸 후 2분의 1의 반세기를 거쳐 여기에 창립 25주년[2]을 맞이하게 된 것은, 회원 여러분과 함께 진심으로 경축하는 바입니다. 저는 1972년 총회에서 회장 취임의 요청을 받았습니다만, 높은 식견의 선배님들이 계셔서 고사한 참입니다만, 결국 불초를 무릅쓰고 수락하여, 영광스러운 25주년을 맞이하는 것은 과분한 경사라고 생각합니다. 그리고 역대 회장, 임원이 오랜 세월 서로「전주회」의 발전을 위해 협조해 주신 업적을 한 걸음 더 전진하고자 하오니 회원 여러분들의 많은 지원 부탁드립니다.
　역사가 하룻밤 사이에 만들어질 수 없는 것은 당연한 일이며, 조선 인양 후 사회는 경제적으로나 사회적으로나 모든 면에서 일본은 세계적인 시각에서 경이로운 눈으로 바라보고 있습니다. 그 동안 회원 여러분은 다사다난한 가시밭길을 용감하게 걸어 오늘을 이룩하셨습니다. 돌이켜 보면, 여러분의 노력은 참으로 말로 표현할 수 없을 정도였습니다. 그러나 이웃 나라 조선도 1907년 한일합병[3)]에 의해 식민지가 되고 그로부터 38년 만에 독립했지만 1947년 이승만의 남선 단독 정부의 수립, 남북전쟁이라는 동포 대립의 시련을 거쳐, 제1차, 제2차 경제개발의 5개년 계획은 착착 그 성과를 거두었고, 기간산업의 정착, 수출산업의 진흥, 근대화를 위한 건설사업, 교육, 문화사업 등의 융성으로 이제 아시아의 주요 국가로 자리 잡고 있습니다.

제2의 고향 전주도 인구 5만 정도의 조용한 거리였지만, 서울 직통 고속도로, 교육기관으로는 국립 전북대학교, 이리 원광대학교, 전주농고를 비롯한 고등학교 58개교, 중학교 104개교, 언론계는 전북일보, 삼남일보, 군산신문, 민영방송국 기타 도서관 70개 등을 거느리고, 교육도시, 문화도시로서 인구도 30만을 넘고 있습니다.

21년이 지나면 21세기를 맞이합니다. 소학교 시절 1720년부터 30년에 걸쳐 「아오노도몬(靑の洞門)」을 관통한 젠카이(禪海) 스님 개인의 「힘과 인내」에 감동 받았는데, 이제는 집단의 힘으로 이룩한 「달의 세계」, 「시험관 아기」에 놀라는 20세기입니다. 도대체 21세기는 어떤 세계일지. 일본도 전주도 버튼 하나로 오가는 것도 꿈이 아닙니다. 부디 회원 여러분의 건강에 유의하셔서 21세기 조국과 제2의 고향 「전주」를 보지 않겠습니까?

차례

전주회 창립 25주년을 맞이하여
전주회 회장 사토 준이치(佐藤準一)

1부 조선에 전주가 있다

조선에 전주가 있다 오가노 히카리(小神野光) 도쿄(東京都)	12
전주신사 참배를 위한 방한 훈련 나이키 야스요(内記安代) 사이타마현(埼玉県)	14
전주 팔방당약국 원(元)팔방당(八方堂)약국 호리 가즈마(堀一馬) 도쿄(東京都)	20
황태자 탄생과 토인춤 시라오 구니요시(白尾国義) 가고시마현(鹿児島県)	25
소련 장교와 38선의 추억 한바 아쓰시(半場厚) 도쿄(東京都)	30
엑스레이와 징병검사 이이다 다카시(飯田隆) 도쿄(東京都)	41
한벽루 벚꽃 터널 모리야마 노보루(守山昇) 도쿄(東京都)	45
오목대에서 도시락을 하가 시즈카(芳賀静) 가나가와현(神奈川県)	48
운명의 갈림길 다카히라 마사노리(高平正典) 사가현(佐賀県)	49
전주회와 구라하라 노리아키(倉原範顆) 구라하라 이쿠(倉原郁) 도쿄(東京都)	55
나의 운을 개척한 전주 구로다 지키스케(黒田吉助) 야마구치현(山口県)	60

2부 성냥갑 열차

버들강아지와 꽈리 시미즈 아쓰코(志水敦子) 오사카(大阪府)	64
성냥갑 열차 구메 시즈히코(久米靜彦) 가고시마현(鹿児島県)	67
경기전의 불법승 와타나베 게이(渡辺競) 미야기현(宮城県)	69
군산 토박이 미곡 무역상 가네모리 슈이치(金森秀一) 오사카(大阪府)	71
전주소학교 교직 생활 가모리 지에코(香森智恵子) 도쿄(東京都)	81
1922년 전주로 발령 시노기 히데오(篠木英雄) 에히메현(愛媛県)	85
화산마을의 새 신사 이케다 데이코(池田悌子) 니가타현(新潟県)	88
주거와 취미 생활 구도 미키치(工藤見吉) 에히메현(愛媛県)	92
원철공장에 폭탄 투하 허점봉(許点奉) 도쿄(東京都)	102
남중학교 동창회 통지 허점봉	107
그라만 전투기 350과 국파된 산하 후나야마 사니오(船山参男) 가나가와현(神奈川県)	109
붉은 기와 누인 2층 건물 사토 에이키치(斎藤栄吉) 오이타현(大分県)	117

3부
시의 도시, 물의 도시, 숲의 도시

수양단과 라디오 실험 나가이 소로쿠(永井総六) 후쿠시마현(福島県)	122
전주의 겨울 아리마쓰 시게키(有松茂喜) 이바라키현(茨城県)	126
전주부인회의 엄마 모리 미사오(毛利 みさを) 도쿄(東京都)	128
악동 시절의 버섯 따기 고야마 도시히데(小山利英) 시즈오카현(静岡県)	130
1945년 늦가을 미군 트럭에 실려 스야마 후지오(陶山不二男) 도쿄(東京都)	133
광활하고 비옥한 문화의 도시 사토 준이치(佐藤準一) 도쿄(東京都)	136
꿈만 같았던 전주 여행 오가와 요시미쓰(小川義光) 도쿄(東京都)	142
전주회는 민간 외교의 첨병 구로다 히로미쓰오(黒田洪三男) 도쿄(東京都)	166
친구와 손잡고 모교를 걸으며 구보 케이코(久保桂子) 기타큐슈시(北九州市)	170
백제로 코스모스 꽃빛 겨루기 미즈카미 히로시(水上洋) 지바시(千葉市)	173
고전미가 풍부한 전주의 명소와 고적	177

부록

전주회 회칙	200
전주가 고향인 일본인	202
역자후기	221
찾아보기	223
미주	234

1부

조선에 전주가 있다

조선에 전주가 있다

오가노 히카리(小神野光) 도쿄(東京都)

「추억의 기」라고 하면 바로 도쿠토미 로카(德富蘆花)의 명저를 연상하시겠지만, 인양한 이후 본토에서 일어난 생활 방식의 급격한 변화를 알지 못한 채, 계속해서 어려운 길을 걸어온 사람들은 그 빛나는 글이나 사상이 어떤 것인지 전혀 알지 못했다.

하물며 긴 인생행로 주름과 백발의 훈장을 지닌 여든셋의 낙오자, 그 무엇도 거창하게 추억의 글을 쓸 내용도 없지만, 지난 추억을 돌이켜보면 내가 가장 오래 머물렀던 곳은 내가 일했던 전주였다. 조선식산은행 재직 중 지방지점 근무로 17년간의 전주가 가장 길었다. 아침저녁으로 울리는 프랑스 교회[4]의 종소리를 들으며 여유롭게 생활했던 기억이 아직도 생생하다.

조용한 움직임이 있어, 조선식산은행에서는 매월 한 번 기관지 「회심(会心)」을 발행, 조선 내는 물론, 식은의 숨이 걸리는 곳이라면 내지·만지 지역까지 다루고 있었다. 잡지로서의 체재는 물론 기사도 풍부하고, 게다가 권위 있는 읽을거리를 잃지 않았던, 그「회심」의 1939년 4월호에는 전주 특집 편이 담기게 되어 있었다. 그래서 전주지부로서는 단순히 할당된 공간을 메우겠다는 소극적인 것이 아니라, 나아가 이번 기회에 전주가 가진 좋

조선식산은행 전주지점. 은행 앞에 서 있는 남자와 자전거, 유모차를 밀고 있는 여자가 보인다.(『전주부사』)

은 정치, 경제, 문화, 역사, 관광 같은 것들을 남김없이 소개하여 전 조선, 전 국민이「조선에 전주가 있다」는 흥미를 갖게 하려는 나가마쓰(永松) 지부장의 부름으로 올스타가 총출동, 온갖 구상을 짜서 자료 수집에 힘써, 각각 집필한 것이다. 전주를 전국에 널리 알리기 위해「고전미가 풍부한 전주의 명소와 고적」을 주제로 내지의 관광버스 걸이 강의하는 스타일로 흥미롭고 통속적인 글을 썼다. 이 경험을 생생하고 좋은 추억으로 가지고 있다.

 전주도 이제는 근대 도시로 변모하여 옛 모습은 거의 찾아볼 수 없을 것으로 생각된다. 이에 전쟁 전 평화롭고 즐거운 시절의 전주 아웃라인을 상상해 주기 바라며,「회심」지상에 실린 전문을 전주회 25주년 기념 앨범에 게재하였으니, 회원 여러분의 일독, 옛 전주의 추억을 소환해 주기 바란다.

전주신사 참배를 위한 방한 훈련

나이키 야스요(内記安代) 사이타마현(埼玉県)

만약 근무를 그만두면, 기모노 교실에 가도 좋아. 앨범 정리도 해야지. 간직하고 싶은 편지 정리. 그런 생각을 하면서도 건강이 안 좋아지고 정말 외로웠던 것 같아요. 오늘 전주회 25주년 기념으로 무언가를 연락하는 것을 알고 아픈 몸도 잊고 펜을 들었습니다. 생각해 보면 53년 인생에서 그토록 잊을 수 없는 일은 없었습니다. 나이가 들수록 건망증이 심해지는 지금도 전주에서 태어나고 자란 20년 동안 전주에서 살았던 동네와 사람들을 소중히 기억하고 있습니다. 그 작은 마을을 기억할 때, 오목대에서 내려다본 경치를 전주에 있던 사람이라면, 분명 기억에 남는 일이라고 생각합니다. 그것은 하나의 그림으로 보였습니다. 검은 연기를 내뿜으며 오목대 아래를 달려가는 기차 기적소리의 긴 울림, 저 멀리 모악산 봉우리들의 아름다움에 저는 왠지 울컥하곤

했습니다.

소학교 때

아마 4학년 때였을 거예요. 구 교사에서 노송정(老松町)의 신 교사로 이전했습니다. 당시 한반도에서도 한두 개밖에 없다고 알려진 수세식 화장실과 녹색 칠판이 흔치 않았고, 새로운 학교 건물의 냄새와 그 큰 화장실의 나막신 등이 생각납니다. 6학년이 되어서 처음으로 남자 선생님이 담임이 되었어요. 구라타(倉田) 선생님입니다. 겨우 1년 동안이었는데도 잘 기억해 주셔서, 인양해서 한참 후에 사연을 드렸을 때도 「건강색이 풍부했던 얼굴이 생각납니다.」라는 대답에 가슴이 뭉클해졌습니다. (저는 지금도 옛날과 같은 흑보입니다) 선생님께서는 쓰기, 읽기, 듣기, 말하기의 즐거움을 가르쳐 주셨고, 그 이후로 그것을 좋아하게 되어 직장에 나가도 큰 도움이 되었습니다.

여학교 때

여학교에 입학하고 제일 먼저 모교에 통신부[5]를 보여주러 가야 할 일이 있었습니다. 소학교 때보다 조금 내려간 나는 부끄럽고 괴로웠습니다. 하지만 「뭔가 하나 좋은 것이 있으면 좋아!」라고 요시다(吉田) 교장 선생님은 격려해 주셔서 안심했습니다. (이건 요즘 아이들에게도 적용할 수 있는 좋은 일이라고 생각합니다.) 전쟁으로 힘든 시절이었지만 정말 많은 추억을 남겨주었습니다. 제 기억이 최대한 정확하기를 바라며, 이번 기회에 여러분과 함께 전주의 거리를 함께 생각해 보도록 하겠습니다.

　전주신사를 참배하기 위해 방한훈련을 하고 있었기 때문에 급히 교문을 빠져나와 어느새 대정정(大正町) 7정목에 도착했습니다. 조금 옆길로 들어가면 자이젠(財前) 선생님의 집, 왼쪽에 베이지색 연합회 건물이 있었습니다. 그 앞이 밭이고 밭 건너편에 나카가와(中川) 씨의 집이 보였습니다. 기라(吉良)여관, 다카하시(高橋) 치과, 옛날에는 가게를 하셨던 오가타(緒方) 선생님의 집, 산세(三世)병원, 야마시(ヤマシ)양복점, 재향군인분회, 부청, 대정정 중간쯤에 들어가면 떠들썩한 우체국, 식산은행, 오기(大木)철물점, 쓰치야(土屋)양복, 팔방당(八方堂)약국, 삼례주점(参礼酒や), 무라오카(村岡)신문, 고레나가(是永)문구, 가와무라(河村)양품, 오자키신발(尾崎はきもの), 우에다(上田)양품, 탱구당(テング堂)과자 그리고 학생들에게는 잊을 수 없는 다이쇼도(大正堂)서점입니다. 교과서를 사러 갈 때의 기쁨은, 그 새로운 인쇄 냄새가 참을 수 없었습니다. 그리고 사토도자기(佐藤陶器) 근처에 마루야(マルヤ) 양품, 요네다야(米田屋), 시계점도 있었던 것 같습니다. 후지타(藤田)신발가게, 히메야잡화점(ヒメヤ小間物), 소메이케(染池) 씨의 여관, 이 모퉁이를 돌면 일심당(一心堂)병원도 있었는데, 나중에 이전한 것 같지만, 동급생을 여의어 유감스럽습니다. 피아노를 잘 치셨던 것이 생각납니다. 그리고 나서 하야시(林呉)포목점, 지사 관사, 또 모퉁이로 돌아가 똑바로 가면 요시타니(吉谷)주점, 다이쇼모치

(大正餠), 사사키(佐々木)약국, 하야시우오야(林魚や), 도모에야(トモヱヤ)잡화점, 아사노(浅野)철물, 고토나(後藤や)과자, 이시가와(石川)식당, 시게(茂)시계점, 오오하시(大橋)서점, 가와사키(かわさき)악기점, 또, 네거리에 박다옥(博多屋), 즈하라당(ずはら堂)[6], 오카모토(岡本)신발, 그 앞 근처에 가세(加瀨)상점, 큰 온돌 종이 가게, 스야마(陶山)생선가게, 마루야마(丸山)포목점, 자노메미신(蛇の目ミシン), 하세가와(長谷川)씨의 가게, 고미야(古宮)시계점, 나카시바(中柴)상점, 이우치(井内)철물 그 근처에 중화요리의 간로(かんろう, 통칭 15번)가 있었습니다. 모퉁이 파출소를 건너면 마키무라(牧村)문구점, 옆에 야노(矢野)포목점의 간판도 보였습니다.

대궁교(大宮橋)를 건널 때 강물의 물이 얼마나 깨끗한지. 나는 스케치하기 위해 하류까지 내려가곤 했습니다. 댐 콘크리트의 하

좌측은 이팝나무가 피어있는 다가공원이고, 우측이 대궁교이다. (『전주부사』)

얕고 눈부신 여름 햇살, 매미 소리를 들으면서 물소리에 서투른 노래를 부르고 떠들어댔던 일, 작은 일에도 기쁨을 느끼고, 언제나 살기 위해 노력한 것은 어쩌면 태어난 고향과 사람들을 사랑했기 때문인지도 모릅니다. 겨울밤에 눈보라 속을 뜨거운 회전구이 만두를 사러 달려간 일 등, 전시 중에도 아직 고사정(高砂町)에는 그런 가게가 있었습니다. 제국관에서 「눈먼 물떼새(目無い千鳥)」나 「쑤저우 야곡(蘇州夜曲)」 등이 들려와서, 저는 덩달아 하모니카를 종종 연주하며, 개사곡을 쓰고 있었습니다. 고적대의 피리 연습을 하고 있으면 「좀 더 조용히 불 수 없느냐」고 아버지께서 말씀하셨고, 옛날에는 이런 일이 달갑지 않았습니다. 생각하면 수많은 사람의 이름과 젊었을 때의 얼굴이 떠오릅니다. 전주에서의 앨범을 가져오지 못한 저에게 은사 유(柳) 선생님이 그리운 전주역과 선생님들의 사진을 따뜻한 편지와 함께 보내주셨습니다. 나이가 들 때마다 쓸쓸함을 느끼는 저에게 전주의 추억은 청춘시절을 되찾아 주는 것 같습니다.

그때는 여기 사이타마에서 살 거라고는 생각도 하지 않았는데, 인간의 일생이란 알 수 없는 것입니다. 모두 인연으로 연결 되어 있는 것 같아요. 한때라도 전주에서 지낼 수 있어서 행복했습니다. 따뜻한 우정과 선생님의 우정을 접할 수 있었고, 전주에 훌륭한 능력을 가진 옛 조선(한국) 출신의 젊은이들과 아이들이 있다는 것도 알게 되었습니다. 나는 그들이 좋은 이웃으로 발전할 것이라고 생각합니다. 그렇게 믿고 싶습니다.

그 우전(雨田)면으로 이어지는 미루나무 가로수와 바람의 향기, 덕진(德津) 연못의 소나무 숲, 경기전(慶基殿)과 한벽루(寒碧楼)의 멋진 벚꽃, 공자묘[7]의 큰 은행나무, 옛날 그대로였으면 하는, 큰 마을이 되었으면 하는 복잡한 심경입니다. 지금쯤은 단풍 든 산들에 둘러싸여, 그 마을 사람들은 김치 만들기에 바쁘게 일하고 있을 것입니다. 이런 그림을 머릿속에 그리면서 언제까지나 젊음을 잃고 싶지 않기 위해서라도 틈틈이 전주의 거리와 전주 사람들 한 사람 한 사람을 떠올리고 있는 것입니다.

마지막으로 바쁘신 가운데 전주회를 위해 수고해 주신 여러분, 정말 감사합니다. 복 많이 받으세요.

전주 팔방당약국

원(元)팔방당(八方堂)약국 호리 가즈마(堀一馬)[8] 도쿄(東京都)

저는 올해 67세가 되는데, 팔방당약국을 경영하며 전주 거주는 1938년부터 종전까지 약 7년 동안 제 인생을 생각하면 긴 세월이라고는 할 수 없지만, 전주와 전주 사람들과 깊은 관계가 있었던 것을 생각하면 이상한 기분이 듭니다.

저희 아버지는 철도 건설을 주로 한 토목업을 하셨기 때문에 일이 바뀔 때마다 조선 곳곳을 전전하셨습니다. 저는 이리 근처 목천포[9]에서 태어나 일곱 살 무렵까지 신태인에 있었습니다. 어떤 시절이었나요? 기억나지 않지만 매우 중병이 나서 거의 안 될 것이라고 부모님도 각오하고 계셨다고 합니다만, 전주의 야소병원[10](어떤 병원인지 기억하고 있지 않지만 외국인 의사였던 것은 확실합니다.)에 왔더니 거짓말처럼 나았습니다. 이때가 처음으로 전주에 간 것입니다. 그 후 원산에 가서 가족들은 원산에 정착한 지 20여 년 가까이 되었기 때문에 호남 지방이나 전주에 대해서는 거의 잊고 있었습니다. 팔방당 약국의 시게루 아리요시(茂有義) 씨는 경성약전의 선배로 학교 시절에는 알지도 못했지만, 씨가 학교의 조수로 근무하고 있을 때 알게 되었습니다. 여름방학 당시 제 부모님이 돌아가셨고, 시게루 씨와 별로 나이가 다르지 않은 형이 아버지의 뒤를 잇고 있었기 때문에 마음이 편치 않았던 것일까요, 저희 집에 머무르거나 한 적이 있었습니다. 당시 시게루 씨로부터 전주에 대한 이야기를 듣기는 했지만 저와는 관련이 없어, 별 신경을 쓰지 않고 있었습니다.

경성약전 졸업 후 제주도립병원에 근무했습니다만, 경성 방면으로 여행 중 문득 시게루 씨가 생각나 중도 하차한 것이 전주와 깊은 인연을 맺게 되었습니다. 그의 가족은 베이징으로 가게 되어 뒷수습을 위해 노력하던 중 우연히 내가 찾아왔던 것입니다. 1938년 10월 그의 뒤를 이어받게 되었습니다. 이것이 내가 전주에 온 두 번째입니다. 젊은 독신으로 지인도 없는 전주에서 상거래를 하는 것은 불안하기 짝이 없습니다. 당시 사범[11]의 고바야시 지테쓰(小林致哲)[12] 교장은 저의 중학교 때의 교장이었다는 것을 듣고, 상거래에 일조할 수 있다고 생각해 조심스럽게 인사하러 갔습니다. 저는 중학교 때 불량 학생이었고, 부모님이 동석한 자리에서 교장 선생님께 직접 꾸중을 들은 적도 있기에 어쩔 수 없었습니다. 그러나 선생님은 매우 기뻐하셔서 각 선생님을 소개해 주시기도 했습니다만, 그 선생님 중에 국어의 오노(小野) 선

전주사범학교 (『전주부사』)

생님은 제가 다니던 병원의 서무과장의 동생이며, 음악의 무라카미(村上) 선생님은 초등학교 때의 선생님이었습니다. 세상이 좁다고 생각했습니다.

그 후, 결혼식에서 부모님을 대신해 주시기도 해서, 부부가 함께 큰 신세를 진 것은 평생 잊을 수 없습니다. 나는 내가 태어난 강으로 돌아가는 연어와 같은 기분이었습니다. 사실, 내가 가게를 열었을 때, 오랫동안 아버지의 일을 도와준 아버지의 사촌동생 이토(伊藤) 씨로부터 편지를 받았는데, 내가 태어난 곳 근처에 가게를 열게 된 것을 기뻐하며, 마루야마(丸山) 씨에게 안부를 전하고 싶다는 내용이었습니다. 이분은 마루야마(丸山)포목점 주인과 절친한 친구이자 함께 조선으로 건너온 사이입니다. 하지만 제가 전주에 왔을 때는 남편이 이미 돌아가셨기 때문에 서로 그

사실을 알고는 있었지만, 전주에서는 한 번도 이야기를 나눈 적이 없었습니다. 인양해서 히메지(姬路)에서 만난 그때 봇물 터지듯 전주에 대해 이야기했는데 별일입니다. 풍남정(豊南町)의 노무라(野村)씨의 보살핌으로 요시타니(吉谷)주점의 조카딸과 결혼하게 되어 요시타니 가족과 오랜 인연이 시작되었습니다. 요시타니 가족과는 아무런 인연이 없었지만, 전주에서도 악명이 높았던 헤이하치로(平八郞) 형은 원산의 동척[13]에서 근무한 적이 있는데, 그의 직접적인 상사는 제 매형이었고, 하숙집은 제 중학교 동창의 집이었다는 것은 경이로운 일입니다. 의리라고는 하지만 사촌 동생이 평생 형제 이상으로 지내게 되다니, 인생은 정말로 신기한 것입니다. 전주에 거주 중에는 많은 친구 지인을 얻었지만 일일이 쓸 수도 없어 생략하겠습니다.

저는 야마구치(山口)시로 옮겨 작은 약국을 경영하고 있었습니다만, 오랫동안 소식이 없었던 시게루(茂) 씨로부터 도쿄에 나오지 않겠느냐는 소식을 갑자기 전해들은 오늘, 전주 사람인 그가 보낸 메시지라고 생각하니 신기합니다.

1978년 3월 15일, 세 번째 전주를 방문할 수 있었습니다. 기차가 전주에 가까워지자(잡아먹히듯 쫓겨나온 마을이지만), 마음이 설레 가만히 앉아 있을 수 없었습니다. 이틀 정도 머물렀지만, 전주의 풍경은 조용하고 아름다우며, 우리가 살던 옛 시내는 언뜻 보면 변한 것처럼 보이지만, 일부 개축이나 간판이나 페인트 칠을 했기 때문이지, 실질적인 거리는 그다지 변하지 않은 것 같았습니다. 저는 다행히 학교 후배였고 종전 당시 도립병원 약무과에 근무했던 이민조(李旻照) 군이 있었기 때문에 큰 도움이 되었습니다. 그는 전북에서도 유수의 집안 출신이기도 하고, 마을에서도 매우 인망이 있는 사람이었기 때문인지 몰라도 대단한 환대를 받았습니다. 동네 사람들을 만나 봐도 전주는 인심이 풍부한 곳입니다. 세 번째 전주 방문도 좋았던 나라고 진심으로 생각합니다. 네 번째 방문도 하고 싶습니다.

다음은 여담이 되지만, 얼마 전 전주병원 유 선생[14]의 동생 유심평(柳心平) 씨로부터 전화가 와서 전주회에 대해 듣고 싶다는 이야기였습니다. 들어보니까 전주 출신의 한국 사람도 많은 것 같아요. 전주회의 취지는 모릅니다만, 이 사람들에게도 입회의 기회를 주시면 어떨까요, 임원분들의 숙고를 부탁드립니다.

황태자 탄생과 토인춤

시라오 구니요시(白尾国義) 가고시마현(鹿児島県)

　저의 첫 근무처인 경성전매본국에서 1926년 말에 전주전매지국으로 지방 전출을 명령받았다.
　바야흐로 다이쇼 천황의 병환으로, 다가정(多佳亭) 산 위의 신사 경내에서 병의 회복 기원제가 매일 아침 열리고 있던 때로, 모리야마 노보루(守山昇) 님의 존부가 면장을 하고 있을 무렵이었다. 당시 24세의 젊은 나이였지만 산자취명(山紫翠明), 온화한 풍토와 인심이 풍부한 환경의 혜택을 받아 8년여를 꿈속에서 보냈다. 고요히 생각해 보면 다가산과 오목대에서의 꽃놀이, 덕진연못가의 야유회, 삼례 부근에서의 강놀이 등에 대한 생각은 끝이 없고, 또 그동안 많은 지기를 얻어 즐겁게 지냈던 생활은 뇌리를 떠나지 않고, 항상 전주의 하늘을 생각하고 있다.
　그 외에도 당시 상사로서 존경했던 지국장 하가 분조(芳賀文三)

씨, 요시오카 미우라(吉岡三浦), 이케다 야스케(池田弥助), 히가시시마 덴파치(東島伝八), 하라다 간니치(原田勘一), 기사누키 히로요시(木佐貫浩吉) 등 여러분과 전주회를 가장 사랑했던 절친한 친구 하시모토 신타(橋本真太) 씨, 명물남으로 많은 이들의 사랑을 받았던 아라키 겐지(荒木原二) 씨도 이미 고인이 되어 깊은 외로움을 더한다.

일전에 구마모토(熊本)에 놀러 가서, 고 하시모토 신타 씨 댁을 방문하여 시의 북쪽 다테다(立田)산 언덕 위에 잠든 그의 묘를 참배하였는데, 그때 아라키 씨가 중병으로 입원 요양 중이라고 듣고, 부인과 동행하여 구마모토시와 아소(阿蘇)의 중간에 있는 오쓰쵸(大津町)의 병원을 문병한 것이 최후의 이별이 된 것은 안타까운 일이었다.

재직 당시 전매국 내 오락으로는 야구, 정구, 궁술은 외관사(外官舍) 내 클럽에 두 대의 옥당대(玉撞台)가 있었던 정도이며, 그 후 점차 마작이 유행하기 시작했지만, 직원으로서 당국의 기피에 노출되는 불상사가 있기에, 엄격한 금지령이 내려졌다. 오로지 건전 오락이라고 하는 것으로 야구를 장려해 각 과, 공장마다 팀을 편성시켜 리그전을 실시하기로 했는데, 야구를 좋아했던 요시오카 지국장은, 우승기를 기증받아 사기가 크게 올라서, 인접한 보통 학교 정원을 빌리고, 직공(職工) 악단의 참여로 떠들썩한 대회를 열었던 것도 즐거운 추억이었다. 저는 서툴러도 야구를 좋아하기 때문에 만년 전매국팀을 중심으로 한 전주 팀의 도우미로

전주지방전매국 공장 내의 궐련을 싸는 작업 모습(『전주부사』)

대전, 이리, 군산, 목포 등 여러 원정에 참여했고, 가끔 경성에서의 도시 대항 경기에도 출전하기도 했지만, 시민 팬의 따뜻한 성원 속에서 고등 보통의 교정과 덕진 그랜드[15]에서, 백구를 쫓던 즐거운 시절의 젊음을 그리워하고 있다.

또 특히 인상에 남는 추억은 황태자 탄생 때 온 도시가 축하한 행사이다.

전매국에서도 각 과, 공장에서 축하 참가자를 내기로 하고, 우리들은 토인춤이라고 이름을 붙여 출전하기로 했다. 퇴청 후 창고 내에서 몰래 연습을 거듭해, 당일은 취향을 살린 토인의 기발한 복식으로(첨부된 사진 참조) 피리, 북의 반주로, 노래를 부르면

남양의 토인 춤 전매국 (전주회)

서 시내에 나아갔는데, 특히 눈에 띈 탓인지, 시중의 인기를 받았고, 마지막 날 도청 정원에서의 콩쿠르에, 1위를 차지해 매우 기뻐했다.

밤이 되자 거리는 떠들썩했고, 대정정 박다옥(博多屋), 즈하라당(ずはら堂)16) 근처의 교차점에서는, 도청을 시작해 각 관공서, 상점에서 수십 명의 사람이 교차하며, 밤이 깊어질 때까지 환호로 가득 찼던 정경을 잊을 수 없다.

지난해 현지 식당에서, 당시 고사정(高砂町)에서 개업하고 있던 의사 혼다 쓰카사(本田司)군(중학시절부터의 친구)의 장남의 결혼식에 초대되었을 때, 우연히 옆자리에 신흥학교에 계셨던 가라우(唐牛) 선생님을 만났는데, 「아, 전주에 계셨군요. 전주하면, 그 황태자 탄생 축하 토인춤이 생각난다.」라고 말하여, 실은 내가 중심이 되어 한 일, 등의 이야기에 선생님도 의외로 전주 시절을 그리워하고 있었다.

오랜 세월 정든 전주를 떠난다는 것은 괴로운 일이었지만, 정부의 명령을 어떻게 하기도 어려워, 뒷머리를 잡혀 끌려간다는 심정으로, 1934년 10월 경성에 부임했지만, 많은 지기와 절친한 동무들, 스에키(末喜)[17] 고후지(小富士)의 여주인과 유녀, 모두가 나온 배웅에, 이별을 아쉬워한 역전의 정경은 지금도 눈에 떠올라, 그 감격을 잊을 수 없다. 세월이 흘러 어느덧 40여 년이 흘러, 이미 노년에 접어들어 여생이 얼마 남지 않았지만, 다행히 건재하다, 여러 산하를 넘어온 지금은 그저 조선에서 살던 시절을 그리워하며 항상 자애로운 온정을 가진 사람들을 생각한다. 언젠가 전주의 땅을 밟으며 저 산, 저 강, 고향을 생각하지 못하는 누군가의 정취에 젖어보고 싶다는 염원을 하고 있다.

생각해 보면 전주회 운영에 힘쓰셨던 경애하는 하가 분조(芳賀文三) 회장님과, 구라하라 노리아키(倉原範顯) 간사님도 지금은 이 세상에 계시지 않아, 인생의 덧없음을 한탄하고 있지만, 아직도 건강하시고, 모임의 발전에 힘써주시는 간부님들께 충심으로 경의를 표하며, 본지를 통해 회원님들의 건강과 행복을 기원해 마지않는 바이다.

소련 장교와 38선의 추억

한바 아쓰시(半場厚)[18] 도쿄(東京都)

〈소개〉

우리 가족은 1941년 4월부터 1944년 7월까지 전주에 거주했다. 1944년 7월, 불과 종전 일 년 전, 교원이었던 아버지가 전주북중에서 평양이중으로 전근되어, 불과 이 일 년의 차가 이 괴로운 추억을 만들게 되었다. 전후 북선으로부터 38선을 탈출한 일본인은 수십만 명에 이르겠지만, 그 대부분은 이 추억을 이야기하려고 하지 않는다. 아니, 생각나는 것도 고통이다. 나도 말하고 싶지 않은 한 사람이지만, 전쟁을 모르는 세대가 반을 넘은 현재, 딸이나 조카나 임산부에게, 이 체험을 기록해 두는 것도 의의가 있을까 하고 생각해, 글을 쓰기로 했다. 30여 년 전의 일로, 어디까지 기억이 되살아날지 모르겠다.

〈종전 시의 평양〉

(1945년 8월 15일) 오늘 정오 1억 국민에게 중대한 방송이 있다고 한다. 도대체 뭘까? 시보 뒤에 폐하의 목소리가 흘러나왔다. 「견딜 수 없는 상태에서……종결하려고 합니다.」 당시 4학년이었던 나는 그것밖에 이해할 수 없었다. 그렇다, 아아 일본이 진 것이다! 앞으로 어떻게 되는 것일까.

며칠 뒤 조선을 38도선의 북쪽은 소련이, 남쪽은 미군이 점령한다고 발표되었다. 이것이 남북 분단의 비극을 낳는 것이다. 귀축미영(鬼畜米英)이라는 전시 선전 때문인지 미군 점령보다 소련이 나을 것이라는 낙관적인 소문이 나돌았다. 낯선 비행기가 날아왔다. 날개에 빨간 별 마크가 붙어 있다. 소련기다. 마침내 소련군이 진주해 온 것이다. 거리에는 소련군 트럭이 행진했고 그 위에는 붉은 귀신 같은 완강한 병사가 타고 있었다. 사람들은 「로스케가 왔다. 로스케가 왔다.」라고 속삭였다. 러시아인을 노어로

평양의 대동강 철교 (국립민속박물관)

는 로스키라고 하는데, 그것을 비꼬아 로스케라고 부른 것이다. 조선인들은 독립을 무엇보다도 기뻐했고, 소련군을 대환영하여, 소련의 깃발, 한국의 깃발이 즐비해 거리는 북적거렸다. 그중 듣기 거북한 이야기가 전해져 왔다. 소련병들이 여기저기서 발칙한 행위를 시작한 것이다. 「마담다와이」(여자를 내놓아라), 「젠기다와이」(돈을 내놓아라)하며, 약탈 폭행을 자행했다고 한다. 소련병의 교육 수준이 낮아, 약탈한 손목시계를 몇 개나 손목에서 팔에 걸쳐 휘감고, 득의양양했고, 나사를 감는 것인 줄도 모르고, 시계가 멈추었을 때는 툭 던져버리는, 정말 야만적인 인종이었다.

(1945년 9월) 우리 집 옆에도 소련 장교가 살게 돼 어쩔 수 없이 만나게 된다. 빅토르 중위라는 청년 장교였다. 어느 날 그는 나에게 말을 걸었다. 「말로도 이초로벡 야폰스키 이지슈케」(일본 소년이여, 좀 오너라) 나는 천천히 따라갔다. 방에 들어가자, 그는 잉크병을 건네고, 펜을 대는 몸짓을 하며, 무언가 말했다. 「아, 잉크를 찍어 달라는구나」 나는 집에서 잉크를 가져와 중위에게 건넸다. 「오친시바, 토이움노이」(대단히 고마워요. 너 똑똑하구나) 이것을 기회로, 중위와 대화를 나누게 되었다. 중위는 독일과의 대전에서 부모 형제를 학살당했고, 그 비보를 들었을 때 밤새 울었다고 한다. 붉은 귀신 역시 인간이었다. 「야폰스키, 해러쇼, 미카도, 니에 해러쇼」(일본인은 좋아하지만, 천황은 싫다.) 「야폰, 해러쇼, 루치셰, 러시아」(일본은 좋은 나라지만 러시아는 더 좋다.)라고 말했다.

(1945년 10월) 일본인 남자 사냥이라는 것이 행해졌다. 그것은 종

전과 동시에 제대한 사람, 경찰관 등을 마을회에 불러내 그대로 형무소, 일본군 포로 취용소, 만주, 시베리아로 가는 경로로 강제노동에 보낸 것이다. 일본군 포로를 이동시킬 때는 다모이(귀국)를 시켜주겠다고 「거짓말」을 하며 만주, 시베리아로 연행한 것이었다. 군대에서 돌아온 아버지도 이에 걸려, 후술하는 38선 탈출은 여자와 아이들끼리 하는 고난이 된다.

(1946년 1월) 겨울이 오고 어느덧 설을 맞이했다. 인플레이션으로 식량, 연료 물가가 치솟아 일자리를 잃은 일본인의 삶은 빈곤해졌다. 그중에서도 비참했던 것은, 종전 시 만주로부터 피난을 온 사람들이었다. 일본인회 건물 복도에 돗자리를 펴고 생활하고, 식사는 아침저녁으로 두 번 콩깻묵 죽이 주어질 뿐 영하 20도의 혹한 아래 어찌 살아가겠는가. 영양실조와 발진티푸스(이가 매개하는 치푸스) 때문에 차례로 쓰러져 갔다. 숨을 거두기 전에 한 아이가 엄마에게 호소했다고 한다. 「계란을 얹은 흰밥을 먹고 죽고 싶어」 이게 무슨 일인가. 불쌍한 아이가, 애꿎은 아이가 왜 이런 꼴을 당해야 하는가. 이 아이의 말이 아직도 귓가에 맴돈다.

(1946년 4월) 봄이 왔다. 언제쯤 일본으로 돌아갈 수 있을까. 돌아갈 날을 꿈꾸며 배낭에 짐을 채워 기다리고 있지만 전혀 귀국시킬 기미는 보이지 않는다. 일본인의 생활은 점점 더 궁핍해졌다. 학교가 폐쇄되어, 우리는 할 일도 없이 친구들과 장기를 두거나 트럼프를 하며 시간을 보낼 뿐이었다.

(1946년 7월) 장티푸스의 예방 주사를 맞았는데, 다음날, 고열로

인해 몸져눕고 말았다. 체온 41도, 감기치고는 이상하다. 아스피린을 복용하고 일단 해열했다가 다시 40도를 넘는 발열과 심한 설사를 했다. 어느새 깊은 잠에 빠져들었다. 꿈속에서 붉은 귀신이 나와 내 가슴을 총검으로 찌르려 했다. 「아파!」 통증 때문에 잠에서 깼다. 그것은 근처 병원의 부인이 오셔서, 내게 포도당과 장뇌 주사를 놓고 있었던 것이다. 어머니, 형과 동생이 걱정스럽게 내 얼굴을 들여다보고 있었다. 다행히 열흘 정도의 치료로 해열하고 심한 설사도 멈췄는데. 지름 5㎝ 정도의 굵은 그 포도당 정맥주사가 나의 생명을 구한 것이었다. 고열이 계속된 탓에 머리카락이 빠져 허우적거리고 앙상한 몸은 보행조차 힘들어졌다. 지금 생각해 보면 장티푸스 백신 안에 생균이 들어 있었던 것으로 보인다. 현대의 일본이라면 재판 사태도 되었을 것이다.

(1946년 8월 15일) 마침내 패전한 지 일 년이 지나 버렸구나. 곶감 빼 먹듯 하는 생활로 살림살이, 양복, 기모노 등은 차례차례 쌀로 바꿔서 지금은 그것도 부족해졌다. 이제 겨울을 맞이하면 지난겨울 만주에서 온 피난민과 같은 운명을 따라갈 것이다. 평양에 거주하는 일본인들은 차례로 남하하여 38선 이남으로 탈출하게 되었다. 거리는 해방(開放) 1주년을 맞아 「김일성 장군 만세!」라고 외치는 행렬과 꽃전차로 떠들썩했다.

〈탈출〉

(1946년 8월 22일) 우리 가족도 근처의 몇 가족과 함께, 없는 돈을

털어 트럭을 세내어, 38선 국경 근처까지 이동하게 되었다. 병후 회복도 충분치 않은 내게 무슨 일이 일어날지는 몰라도 갈 수밖에 없었다. 관헌의 눈에 띄어 붙잡히면 본전치기가 되고 만다. 낮에는 교외의 고랭밭 속에 몸을 숨기고, 저녁에 몰래 트럭을 타고, 어둠 속을 오로지 남쪽으로 달렸다. 약 10세대, 40명의 일본인이 하나였다.

「스토이(멈춰라)」 관헌의 검문에 걸렸다. 「어디에 갑니까?」 「일본으로 돌아가요.」 「당신들의 이동은 허용되지 않을 것이다. 본서로 연락하겠다」 「제발 눈 감아 주세요.」 O 씨와 T 씨가 슬며시 돈을 모았더니 갑자기 태도가 바뀌었다. 「무기를 갖고 있지 않겠지. 짐을 검사하겠다.」 짐은 닥치는 대로 조사되었다. 사진이나 서류 등은 거의 찢겨 버려졌지만 어쨌든 풀려났다. 아이고 다행이다. 밤새 달린 트럭은 38선 북쪽 50km 사리원에 도착했다. 그곳에는 일본인 난민들이 다수 모여 있고, 북선 각지에 살던 일본인들이 모두 비슷한 생각에 사로잡혀 남하했고, 탈출은 이 무렵이 정점이었던 것으로 보인다. 그날은 다리 밑에서 잤는데 집 없이 결국 거지 신세가 되고 말았다. 개성에는 일본인 난민수용소가 있는 것으로 알려졌다. 나머지는 걸을 수밖에 없다. 개성을 향해 쭉 걸어갔다.

(8월 ○일) 가진 것은 등의 배낭뿐이지만 무겁다. 하루에 5리쯤 걸었을 것이다. 오늘은 빗속의 보행이었다. 8월 말이지만 벌써 쌀쌀하다. 아이고, 피곤하다. 가끔 관헌의 짐 검사는 받았지만 북

선 당국은 일본인의 탈출을 특별히 나무라지 않고 묵인했던 것으로 보인다. 때때로 검문으로 물건을 몰수당하는 일이 있었고, 그중에는 우유를 몰수당해 울고 있는 부인이 있었다. 잔악한 사건이었다. 빗속을 아픈 다리를 질질 끌면서, 어느 부락의 공민관에 도착해, 안으로 들어가려 했더니 호통을 쳤다. 먼저 도착해 있던 사람이 다급해지니까 나가라고 한다. 같은 일본인 동포 아닌가. 어른들의 말다툼이 수십 분. 다른 숙박 장소를 찾아준 사람이 있어서야 낙착. 몰락한 인간의 야비함과 추악함을 드러냈다.

(8월 △일) 개성은 아직 인가. 우리 앞뒤로 5살가량의 아가와 젖먹이를 등에 업은 모자가 걷고 있었다. 대여섯쯤 되는 아이에게 연일의 보행은 너무 가혹하다. 「엄마 힘들어. 더 이상 걷지 못할 것 같아요」 어머니는 말없이 아가의 손을 끌고 계속 걸었다. 「이제, 그만 죽어라!」 계속 우는 아가의 얼굴을 손바닥으로 쳤다. 아가는 몹시 흐느꼈다. 가냘프지만 어찌할 도리가 없다. 지나가던 어머니(조선부인)가 보다 못해 아가에게 토마토를 주며 달래고 있었다. 그날 밤 머문 곳은 다리 밑이었다. 다리 밑에서 바라본 별이 총총한 하늘에 금성, 북두칠성이 빛나 매우 예뻤다. 별 아래에 일본이 있다. 아직 보지 못한 일본은 어떤 곳일까? 별을 바라보다가 어느새 곤히 잠들어 버렸다.

(8월 ×일) 38선을 넘으려면 산을 하나 더 넘어야 한다고 한다. 배낭을 메고 이 비탈길을 걷는 것은 여자, 아이에게는 엄청난 고통이었다. 나는 숨을 헐떡이며 정신없이 계속 올라갔다. 뛰어넘

었어! 38선을 넘었다. 「38도 이북의 때를 벗겨라」를 외치며 강으로 뛰어든 사람이 있었다.

〈개성에서 부산으로〉

(9월 ○일) 개성의 일본인 난민 수용소에 도착했다. 그곳에는 미군 텐트가 즐비해 비만은 견뎌냈지만, 이곳의 대우는 형편없었다. 식사는 아침과 저녁에 삶은 옥수수 알갱이가 찻잔에 한 그릇씩 지급될 뿐, 이때의 공복감은 아직도 잊혀 지지 않는다. 38선으로 걸어 올 때는 자취를 할 수 있었기 때문에 밥을 먹을 수 있었지만, 이곳에서는 자취도 허용되지 않았다. 비를 틈타 철조망을 뚫고 조선 아이가 먹을 것을 팔러 텐트 안으로 숨어 들어왔다. 줄기 하나, 고구마 하나가 십엔 정도였을까. 미군에서 빼돌린 보급품 통조림 등도 있었다. 등과 배를 바꿀 수는 없다. 없는 돈을 털어 그것을 사서, 이슬 같은 목숨을 이어주는 것이었다. 어느 날 사두었던 통조림을 따다가 한국 관헌의 눈총을 받았다. 「너 이거 어디서 샀어」「이리 오는 길에 샀어요.」「안 돼 안 돼, 통조림은 모두 몰수다.」 후다닥 가져가 버렸다. 해도 너무해서 눈물도 나지 않았다. 나는 이 관헌의 얼굴을 아직도 기억하고 있다. 음식에 대한 원한은 정말 무섭다. 일주일 남짓한 수용소 텐트 생활에서 부산으로 내려오게 됐다. 개성역에서 기차를 탔는데, 그것은 우마를 수송하는 화물열차였다. 진흙과 먼지 바닥에 신문지나 보자기를 깔고 그 위에서 쉬었다. 2년 전, 전주나 평양 전근은 이등 열

일제강점기 부산정거장 (국립민속박물관)

차를 타고 가는 여행이었는데, 2년 후에는 이 얼마나 달라질까. 식사는 건빵이 지급됐다. 허기진 나머지 너무 과식했더니 건빵에 쓰인 기름이 좋지 않았던지 심한 설사를 했다. 장티푸스의 예후, 피로, 배고픔으로 조건이 너무 나쁘다. 한밤중에 열차가 ○○역에서 몇 시간 멈췄다. 화물차라 화장실이 없어서, 내려서 선로 위에서 볼일을 본다. 많은 사람이 생각 없이 따라 했다. 열차 입구 선로 근처는 배설물투성이가 되어 버렸다. 아침이 되어 역무원이 이것을 발견하고, 불같이 호통을 질렀다. 이를 청소하지 않으면 열차를 출발시키지 않는다고 한다. 저쪽 분의 화내는 마음도 이해하지만, 이런 상태에 놓인 인간의 입장도 생각해 줘. 애당초 화장실 없는 열차는 사람 취급이 아니잖아. 다 같이 부리나케 청소했다. (불결한 이야기라 죄송합니다!)

사과의 산지 대구를 통과해 부산에 도착했다. 부산항에서는 창고에 수용되어 지붕이 있을 뿐이었다. 식사는 밀에 케첩을 곁들인 삶은 음식과 콘비프가 아침저녁으로 지급되었다. 처음에는 고기를 먹을 수 있다고 해서 좋아했지만, 3일째가 되니 더 이상 참을 수가 없었다. 케첩 냄새가 코에 배어 목구멍으로 넘어가지 않았다. 그러나 먹지 않으면 죽는다. 물로 입 안을 헹구었다. 밤이 되자 장티푸스 후유증으로 복통이 일어났고, 다음 날 아침에는 설사라는 패턴을 반복했다.

〈인양선〉

　부산 체류 5일째, 일본에서 배가 왔다. 하지만 이것은 미군의 상륙용 주정으로, 인양자의 수송에 사용되고 있었다. 승선해서 흰 쌀밥을 먹을 수 있었다. 허기진 배를 채우기에 충분하지 않았지만, 이때의 맛은 아직도 잊혀 지지 않는다. 「부~」 기적을 울려 출항한다. 내가 태어나고 자라고 내 나라인 줄 알았던 조선, 이런 꼴로 쫓기듯 이 나라를 떠나야 한다. 하지만 아무런 아픔도 없었다. 나는 속으로 외쳤다. 「로스케 바보야! 조선 바보야! 이제 다시는 이런 데 올 수가 없어!」 부산의 항구는 점점 작아져 갔다.
　다음 날 아침, 사세보(佐世保)항에 도착했다. 처음 보는 부모의 나라 일본, 산의 푸르름이 선명했다. 항구에는 불탄 항공모함이 한 척 있고, 나라의 산천은 황폐했다. 해파리 떼가 인양선 주위에 뿌옇게 떠 있었다. 사세보항 체류 중, T씨의 아기가 영양실조로 숨을 거두었는데, 상륙 일보 직전이라 가여웠다.
　사세보항에 상륙해서 오랜만에 목욕을 했다. 옆에 있던 아저씨가 내 몸을 살펴봤다. 자네 말랐어. 뼈와 껍질만 있어. 장티푸스 후유증과 겨우 연명한 여행으로 나는 비아프라[19]나 베트남 난민 아이처럼 수척해져 있었다.

〈마지막으로〉

평양 탈출에서 일본까지 한 달 남짓한 여행의 추억은 이런 것이었다. 38선을 탈출하는 일본인을 구출하기 위해 귀국을 미루고 활동하신 경성일본인회 분들, 상륙 후 우리에게 따뜻한 손길을 보내주신 학도원후회(学徒援後会) 분들의 존재는 잊을 수 없다. 지면을 빌려 깊이 감사의 말씀을 드린다. 이러한 일본인의 마음이 전후 일본 부흥의 기초가 되었다고 생각한다.

부산 출항 때 두 번 다시 올 수 있을까 하고 소리치던 나였는데, 지난 1978년 5월 전주국민학교 39기생인 여러 선배님과 전주를 방문하였다. 옛날 그대로의 전주국민학교를 찾아 옛 우리 집 앞에 섰을 때 가슴이 뭉클해졌다. 내 마음의 고향은 역시 한국에 있었다. 추억 속에 소련군의 비행을 언급했지만, 소련인 모두가 그런 민족이었던 것은 아니다. 극히 일부의 철없는 소련병의 소행이겠지만, 이런 일은 전쟁의 상처로 언제까지나 남을 일이고, 미국력의 점령정책과 너무나 대조적이었으므로, 이는 소련의 실정이었다고 할 수 있겠다. 불행하게 객지에서 떠나신 동포의 영령이여, 평안하라! 남북으로 분단된 한반도가 평화로운 대화로 통할 날이 빨리 오기를 간절히 기원한다.

엑스레이와 징병검사

이이다 다카시(飯田隆)[20] 도쿄(東京都)

    경기도청에서 전라북도청으로 전임을 명령받은 것이 1941년 1월로, 그로부터 종전까지 만 5년 전주에서 살았다. 심하게 추울 때 기온이 영하 10여 도나 내려갈 수 있는 전임지 경성에 비교하여 전주는 기후가 참 살기 좋았다.
    경찰부 위생과와 내무부 학무과 겸무로 방역과 학교 위생을 담당했지만, 대부분 학교 교직원 학생 아동의 결핵 조기 발견을 목적으로 한 집단 검진을 내내 했다. 현재 간접촬영 엑스레이는 보급되어 모든 건강진단에 응용되고 있는데, 당시 조선에는 아직 간접촬영 엑스레이는 없었고, 1941년에 처음 전라북도에 도입되었다. 이것을 이동하여 전라북도를 샅샅이 순회하며 검사에 종사했다. 그 결과 발견한 환자나 요주의자에 대해서는 학교나 의사, 도립병원 등과 밀접한 연락을 취해 치료나 양호에 만전을 기

1922년경 전북도청 (전주회)

했다.

  방역 측면에서는 전주에 부임한 지 2년째나 3년째인 5월 신입생 보균자로 전주고녀 기숙사에 장티푸스 환자가 발생해, 도립전주의원에 입원시켰다가 다행히 환자 11명 전원이 완쾌 퇴원한 것을 전년 발행 전주회지에 썼다가, 이후 우리 집에서 전염병 환자가 나왔다고 이야기되는 사태가 초래됐다. 위생을 담당하는 만큼, 위생 면에 특히 주의하고 있었지만, 참으로 불명예스러운 일이었다. 세균 검사를 실시 했는데, 중한 증상을 일으키는 이질본형 균이 검출되었다. 발열, 복통, 잦은 점혈변 설사, 그리고 당시에는 오늘날과 같은 특효약도 없었고, 따라서 대증요법만으로 완치까지 장기간이 걸렸다. 당시 도립전주의원 입원 환자 중 이질로 우리 집 둘째 딸과 장티푸스로 전주경찰서 경찰관 등 2명이 위중해 생명에 위험이 우려되고 있었다. 다행히 둘 다 치유 퇴원했지만 둘째 딸 등은 체중이 줄고 머리카락까지 빠졌다. 원래의 몸으로 회복하기까지 긴 시일이 필요했다.

그 둘째 딸은 현재 도쿄에 살고 있는데, 벌써 두 딸의 어머니가 되었고, 첫째 딸은 대학 4년, 둘째 딸은 대학 1년 재학 중이다.

그러다가 전쟁도 절정이 되어 마쓰야마(松山) 병대와 교대로 진지 구축 등의 근로 봉사를 매일 같이 나갔다. 때로는 위로의 뜻으로 새콤한「막걸리」를 대접받기도 했다. 이 밖에도 연료 보급을 위한 송근유 캐기, 공습 대피소용 소나무 통나무 운반, 총검술 기초 훈련, 또 군대의 말을 타는 법과 밀짚 인형을 향한 돌격 훈련 등에도 힘썼다. 도청에서 구호를 맡았기 때문에 청사 콘크리트 위에 짚이나 거적을 깐 곳에「각반(ゲートル)」을 하고 잠을 잔 적도 여러 번이었지만, 긴장한 탓인지 혹한에도 그다지 춥다고 생각한 기억은 없다. 한 번은 도청에서 기총소사를 받은 적이 있었다. 창문을 뒤로 하고 과장님과 대화를 하던 중 난사하는 기총소사 소리에, 과원들을 약을 저장하거나 보관하는 지하실로 피신시킨 적이 있었다. 과원 중 한 명이 황급히「매트(マット)」를 둘러썼다. 우스꽝스러웠다. 다행히 도청에는 피해가 없었다.

종전 때에는 남원경찰서에서 조선인 병사 지원자의 검사에 종사하고 있었다. 검사 중 종전 사실을 알게 되었지만, 지원자 전원의 검사를 종료하고 귀청했다. 귀청할 때 경찰서장이 신변에 충분히 주의하라고 했지만, 당시 조금도 불안한 마음이 들지 않았다. 종전이 되고 나서 조선 친구들이 이것저것 걱정을 해줬다. 각오는 되어 있으니 걱정하지 말라고 해도, 만일의 경우를 위해 우리 가족 4명에게 조선옷을 빌려주었고, 피난 장소도 두 군데 정도 정해 주었다. 아이들은 그 조선옷을 입고 즐겁게 집안을 돌아다니곤 했다. 매일 조선 친구 중 누군가가 집에 와주고 식량 등도 걱정해 주어 조금도 불편하지 않았다. 그러나 언제 인양될 수 있을지 모르는 불안한 나날을 돌보며 보냈다. 이렇다 할 일이 없어 일이라고 하면 경찰서장과 둘이 인양 경찰부원의 명부 작성을 했을 정도로 참으로 한산한 나날이었다. 11월 하순, 갑자기 인양 명령이 나왔을 때는 정말 기뻤다.

무사히 하카타(博多)에 상륙 귀국할 수 있었을 때의 기쁨은 또 각별하고, 무엇에도 비유할 수 없는 큰 기쁨과 안도였다. 그로부터 벌써 30여 년, 꽤 빨리 지나간 것 같다. 마침내 77세의 나이에 이르렀다. 아내도 72세, 건재하다. 얼마 남지 않은 여생, 건강은 얼마든지 사회를 위한 것이라고 생각하고 있다.

한벽루 벚꽃 터널

모리야마 노보루(守山昇)[21] 도쿄(東京都)

당시 초등학교 1학년이던 나는 1909년의 늦은 가을, 후쿠오카(福岡)현의 모지(門司)항을 출항하여 어머니와 함께 부산 목포를 경유하여 군산항에 상륙하였다. 오전 8시경이었다. 오전 10시쯤이었던 것 같은데, 군산에서 약 50km(粁)를 마차에 흔들려 겨우 저녁 전주에 도착했다.

지금은 서울에서 특별열차로 약 4시간 30분, 고속버스로 약 3시간이면 갈 수 있다고 안내서에 적혀 있었다. 상당히 세상은 변하고 편리해진 것이라고 생각했다. 전주의 인구는 1945년 인양 당시 5만 명 정도였다고 생각하지만, 지금은 약 30만 명으로 크게 발전한 것이라고 생각했다. 거리도 많이 커져서 북쪽은 덕진 쪽까지 남쪽은 당시 남문이라 하였는데, 이 풍남문이 거리의 중심이 되고 있는 까닭이다.

당시의 추억 깊은 일을 두세 가지 써 보기로 한다.

당시 전주시가의 남쪽에 풍남문이 있었다. 이 문은 현재 국보로 지정되어 있다. 이 문을 지나 잠시 가면 강이 있다. 이 강을 거꾸로 더 가면 한벽루가 있다. 옛날 학자가 이곳에서 연구를 한 것으로 알고 있다. 어렸을 때 이 부근의 청류에서 친구와, 여름에는 수영을 하거나, 소쿠리로 민물고기를 잡거나 하며 놀았다. 강을 따라 난 도로 양쪽에는 벚꽃길이 있어 봄꽃 철이면 벚꽃 터널이 생겨났고, 그것은 참 멋졌다. 이 꽃 밑에서 돗자리(茣蓙)을 깔고 술을 곁들이는 사람도 많았다. 그런데 지금은 벚나무가 모두 잘려 나간 것이 안타깝다. 풍남문 밖의 남쪽 한 구간을 남문 밖이라 하였는데, 여기서 시장이 한 달에 여러 번 열렸는데, 엄청난 판매

1938년 4월 13일 벚꽃이 만발한 한벽루 부근 제방 위 (『전주부사』)

를 했다. 살아있는 닭이나 계란, 그 외 일용 잡화 뭐든지 팔고 있었다. 달걀은 열 개씩 지푸라기에 넣어 팔고 있었다. 또 음식점의 출점도 많았다. 초가집 안에서 큰 솥 안에 뿔난 소머리와 콩나물을 함께 넣고 오랜 시간 삶고 있었다. 큰 그릇에 담근 밥에 이 국물을 부어 맛있게 먹는 손님이 많았다.

전주시 북쪽 약 3㎞쯤 되는 곳에 덕진연못이 있는데 연못 안에는 연꽃이 많고 여름에는 많은 연꽃이 멋지게 피었다. 또 가을에는 1년에 한 번 연못 속의 물을 빼서 무릎까지 물이 빠질 무렵, 많은 사람들이 연못 속에 들어가 민물고기 잡기를 했다. 큰 잉어도 많이 있어서 즐거운 하루를 보냈다.

지금 한번 가서 그 당시와 지금의 변화, 발전상을 보고 싶다.

오목대에서 도시락을

하가 시즈카(芳賀静)[22] 가나가와현(神奈川県)

　금번 전주의 추억지를 발행하시게 되어 진심으로 축하드립니다. 저희는 쇼와 시대 초에 전주에 부임하여(전주전매국 지국장) 있을 때는 정말 시골 마을의 느낌이었습니다. 다음으로 1932년 무렵에는 도청 내무부장으로 부임하여 불과 1년 정도로 전임했는데, 팔달정(八達町)의 관사에서 둘째 딸이 태어났던 일이 생각납니다. 장녀는 두 번에 걸쳐 전주소학교의 신세를 졌습니다. 작은 언덕 위의 오목대는 지금도 그리운 추억입니다. 자주 도시락을 가지고 봄햇살을 즐겼습니다.
　앞으로도 여러분의 건승과 발전을 기원하며 전주회 25주년을 축하드리며 전주의 발전을 더욱 기원합니다.

운명의 갈림길

다카히라 마사노리(高平正典)[23] 사가현(佐賀県)

  소학교, 중학교, 대학, 군대 등의 규슈(九州)에서의 회합에는, 가끔 출석하는 경우도 있지만, 전주회에는 아직 한 번도 출석한 적이 없어, 대단히 죄송하게 생각합니다. 따라서 무엇부터 써야 할지 전혀 모르겠습니다만, 저의 전주 시대를 시작으로 가족을 포함한 현황을 알려드리도록 하겠습니다.

  저는 1915년에 덕진(전주의 북방 4㎞, 큰 연못이 있던 곳)에 4~5살 때 전주로 이사를 갔고, 초등학교 2학년 때부터는 새로 지은 인양시의 고사정(高砂町) 집[24]에서 살았습니다.

  잔무늬(絣)옷에 어깨부터 비스듬히 걸친 가방과 보자기가 통학 모습이었던 소학교 시절에는 수많은 추억이 있지만, 남고산 소풍에서 목매 자살한 사람을 발견한 것과 동네 의사 선생님의 따님(3학년 정도?)으로「장 이토리(オサイとリ)」씨가 살해된 사건 등이 특

히 무서웠던 기억으로 남아 있습니다.

우리 반은 호걸이라고 용모는 좋지만, 악동이 많아서인지, 당시 선생님들을 꽤 애먹인 것 같아서, 학급 회의에서도 많은 이야기가 있었습니다.

그 후 저는 대전중학교에 진학했고, 졸업 후에는 집안일을 잇기 위해 옛 이리에 있던 농사 시험장에 실습생으로 1년간 들어갔는데, 동생이 두 명이나 있어 저는 면학을 위해 상경했고, 이 시점에서 저는 전주에서 멀리 떨어져 있었습니다. 전쟁 전에 많은 가족이 있었고, 저 이외에

아버지 겐로쿠(源六) 1881년생 1961년 사망

어머니 시게(シゲ) 1896년생 건재하여 동거

남동생 미네오(節雄) 1921년생 1944년 뉴기니에서 전사

남동생 노기지세이(禾自生) 1923년생 1945년 버마에서 전사

여동생 다카코(隆子) 1926년생 1935년 병사

여동생 히데코(康子) 1929년생 東京都町田市小川○丁目○○番○○号 山田康子

여동생 신코(伸子) 1932년생 東京都小金井市中町○丁目○番地の○○ 石丸伸子

남동생 하루오(晴夫) 1935년생 宮崎市月見ヶ丘○丁目○○番○号

저는 대학 졸업 후 당시 유라쿠초(有楽町)에 있던 산업조합중앙회(현 농협중앙회)에 봉직했는데, 제1회 제도공습(帝都空襲)을 받은 것이 바로 1941년이었습니다.

이 해 연말, 결혼을 위해 전주로 돌아왔고, 결혼식 후 연초에 도쿄로 돌아와 스이도바시(水道橋)에서 고마고메요리(駒込寄)의 모에가야(茗ヶ谷)에 작은 집을 빌려 신혼 생활을 영위하게 되었습니다. 아내(ユウ 1921년)는 간자키쵸(神崎町) 출생으로 친정도 가까이에 있습니다.

전쟁은 끔찍한 것, 신혼 생활 반년 남짓 만에 소집영장, 무대는 구루메(久留米)로 옮겨졌습니다. 무겁고 싸늘한 중기관총과 사람을 바보 취급하는 냉담한 말(馬)에게 시달리면서도 한 차례 검열이 끝나자, 경험도 늘고 뒤의 소집병들이 들어와 편해진 데다, 연대본부(동원실) 근무로 훈련 하나 나오지 않는 사무관 같은 생활이 계속되었습니다. 이 시기에 입대한 사람은 당연히 차례차례 교육을 받고 최일선으로 보충되었고, 언제가 될지도 모르는 전쟁에 속을 끓이던 나는 경리부 간부 후보생 시험에 합격했지만, 운명의 갈림길에서 남방 총군 요원으로서, 태중의 장남도 모른 채 일본에 작별을 고했습니다.

남방에서의 군대 생활은 길어지기 때문에 생략하겠습니다만, 버마의 국경 가까운 태국의 람팡이라고 하는 곳에서 종전을 맞이해 포츠담(ポッタム) 선언 담당(主計) 소위로 1946년 7월에 우라가(浦賀)로 돌아와 제대했습니다.

아무튼 본적지에 돌아가면 가족의 소식은 알 수 있을 거라고, 고향 사가(佐賀)에 돌아와 보니 동생 두 명이 아직도 제대하지 않았고, 노인과 여자 일곱 명(우리 집사람과 장남을 포함해서)이 기다리고 있었습니다. 상경해서 복직하는데 집도 없고, 또 식량 사정 때문에 전입(도쿄)할 수 없어, 부득이 규슈(九州) 지부(요즘은 농업회로 되어 있었다)로의 전근 명령이 내려져 간자키(神崎)에서 하카타(博多)까지 열차에 매달려 가는 통근 생활이 시작되었습니다.

어두운 아침에 뛰쳐나와 밤에는 아이가 잠들었을 때 돌아오는 생활을 언제까지 계속할 수도 없어서 다행히 주류배급공단 사가 지소에 들어갈 수 있었던 것을 계기로 장거리 통근에 종지부를 찍을 수 있었습니다.

1949년, 이 공단이 폐지되고 그 업무를 인수한 것이, 현재 제가 근무하고 있는 사가 주류 판매 주식회사로, 제30기를 맞이하고 있습니다. 자본금은 겨우 3,600만 엔 정도입니다만, 주주가 약 600명, 종업원 135명 영업소 8곳에 차량 50대. 청주·맥주·양주 등 주류는 물론이고 음료수나 식품까지 도매하는 연매출 약 80억의 지방 중견기업으로 불황을 겪고 있습니다.

대표이사인 후쿠오카 히데마로(福岡日出麿) 사장이 참의원 의원으로서 국회에 참가하고 있기에 대표이사 전무로서 부재중 부대장과 같은 모습입니다. 이 기간 동안 2남과 3남이 태어났으며, 장남은 사가 은행(佐賀銀行)에서 근무하며 2남 1녀의 아버지. 2남은 서일본 신문사에서 근무하며, 곧 태어날 남아의 아버지. 3남만이 독신으로, 사가히가시(東信用) 신용 조합에 근무하고 있습니다. 저도 3명 반의 손자를 둔 노인이 되어, 2남 가족을 제외한 8인 가족이 동거하며, 어머니를 비롯해 모두가 건강하고 행복한 생활을 하고 있습니다. 나이가 들어서인지 최근에는 업계 조합의 임원이 되어, 회의로 여기저기 출장을 가면 옛 인연에 의지해 옛 정에 빠져들고 싶은 마음이 생기는 것도 나이 때문일까요.

일제강점기 전북일보사 (전주회)

사진은 정말 감사합니다. 여하튼 오가와(小川) 님께 감사 편지를 드리는 심정입니다. 정말 부끄럽지만, 최근 5, 6년 하와이, 홍콩, 마공(馬公)[25], 미국, 캐나다, 유럽, 한국을 여행하며 마음에 두었던 고향 전주에 가지 않았습니다. 기회를 만들어서 꼭 건강할 때 방문하고 싶습니다.

분명 제가 살던 집으로 현관 동쪽의 다다미 4장 반의 격자가 정면에 보이고 있습니다. 왼쪽 앞 콘크리트 기둥에 철조망 안은 옛날 정원이었던 곳, 오른쪽 보이지 않는 곳은 화단이 있던 곳이라고 생각합니다. 이 정원과 화단 앞에는 밭고랑이 도로로 이어지고 「측백나무」 울타리로 둘러싸여 있었습니다. 앞길 건너편은 쌍

전사(双全寺), 유치원의 오른쪽(서쪽)은 대념사(大念寺)로 더 서쪽으로 가면, 막다른 곳(도요타 豊田 님)의 왼쪽 모서리는 오가와(小川) 님이었던 것을 기억하고 있습니다. 그 맞은편 삼거리를 오른쪽(북쪽)으로 가면 전매국, 왼쪽(남쪽)으로 가면 본정(本町)과 다가정(多佳亭) 방면. 또 집 앞에서 왼쪽(동쪽)으로 가면 기쿠치(菊池)병원 사거리. 다시 더 동쪽으로 가면 스에키(末喜), 왼쪽(북)으로 가면 구전주역, 오른쪽으로(남) 돌면 은행나무 가로수길에서 도미타 쉐보레(富田シボレー), 에비스(エビス) 바닥을 왼쪽으로 보고 전북일보를 오른쪽으로 보고 가면 대정정(大正町) 교차점 박다옥(博多屋) 모퉁이. 이곳을 직진해 남쪽으로 내려가면 길은 비스듬히 구부러져 도지사 관사 옆을 지나 소학교 통학로가 생각납니다.

　인구가 10배 정도 늘어났다고 들었는데, 전주가 완전히 달라졌을 것입니다. 언젠가 방문하게 되면 미리 정보를 수집하고 싶기 때문에 여러모로 신세를 질 것으로 생각합니다. 또 이번에는 25주년 기념지 발행이라든가, 여러 가지로 대단히 신세를 지고 있습니다.

　최근 근황까지 두서없는 말을 적었습니다만, 너그럽게 이해해 주시길 바랍니다.

전주회와 구라하라 노리아키(倉原範顕)[26)]

구라하라 이쿠(倉原郁) 도쿄(東京都)

　1978년 8월 1일, 저녁 식사를 마치고 우리는 평소와 같이 마주하고 있었습니다. 8시가 되었습니다. 항상 미토 코몬(水戸黄門)의 TV를 보고 있었기 때문에, 그날은 월요일이었던 것입니다. 「아빠[27)], TV 좀 틀어줘요.」라고 부탁했습니다. 아빠는 대답하는 소리도 없이 열심히 TV 채널을 돌리고 있습니다. 하지만 6채널이 나오지 않습니다. 아빠에게 무슨 문제가 있는 걸까 고민하는 동안 등골이 서늘해지는 것을 느꼈습니다. 뭔가 잘못된 것 같은 느낌이 들었습니다. 그는 아무 말도 하지 않습니다. 아니, 말할 수 없었습니다. 다음 날 아침 일찍 의사를 불렀습니다. 의식은 확실합니다. 어쨌든 뇌혈전은 틀림없지만 손발이 마비된 것도 아니니 머리를 냉찜질하고 조용히 눕혔습니다. 그런데 불쑥 일어나서 방 한구석에 있는 전주회 관련 서류가 들어 있는 장롱 앞에 서 있는 것이었습니다. 아빠 자야지 하고 잠자리에 들어요. 잠시 후 또 같은 행동을 하는 것입니다. 2년 후면 25주년이니까 생각하고 있는 것이 있어서 신경이 쓰이는구나, 하고 나는 암담한 생각이 들었습니다. 사흘째에 입원했습니다.

구라하라(倉原)는 전주를 사랑했습니다. 전주회가 태어날 때의 경위는 전에 10주년 기념지에, 그 자신이 자세히 쓰고 있습니다만, 청년 시절, 신혼 시절에 다섯 명의 아이를 얻고 두 아이를 잃고, 부모를 잃은 전주 땅을 잊을 수 없는 것은 당연하다고 할 수 있습니다.

저는 한국을 모릅니다. 하물며 전주가 한반도의 어디쯤 있는지도 전혀 몰랐습니다. 인연이 닿아 구라하라를 만난 것은 1962년 벚꽃이 한창일 때로 그는 55세, 저는 50세가 되었을 때였습니다. 그도 저도 재혼할 생각은 없었지만, 그는 어릴 적부터 돌봐주신 삼촌의 권유와 전주회 분들의 권유도 있어서 재혼의 마음을 갖게 된 것 같습니다. 그때는 전주에서 결혼한 아내 후지에다(富士枝) 씨를 잃은 지 3년째 되는 해였습니다. 우리는 각자 50년의 과거를 짊어지고 있습니다. 그래서 앞으로 우리의 공통된 역사를 만들어 가자고 이야기했습니다. 그의 역사에서 전주는 큰 존재였습니다.

그는 전주에 대한 이야기를 많이 들려주었습니다. 여러분도 아시다시피 청류 전주천, 다가정, 한벽루 오목대 등 아름다운 전주, 이조(李朝) 발상지로서 일본의 교토와 같은 곳이라는 이야기를 들었습니다. 재향군인회에 소속되어 있어 아는 사람이 유난히 많았고, 그의 설명은 전주에 대해 잘 모르는 저에게도 전주라는 도시와 사람이 떠오르는 것 같았어요. 전주회도 처음 만들어졌을 때부터 1년에 한 번씩 열리는 총회도 그렇고, 일을 하면서도 틈틈이 도와줘야 할 것 같았습니다. 모임이라는 것을 돌보는 일은 저도 어느 정도 경험이 있었기 때문에 도와주기로 했고, 그 후 어느새 15년이 지났습니다. 명단을 정리하고, 안내문을 작성하고, 안내문을 읽고, 총회를 접수하는 동안 회원들의 이름과 얼굴을 익혀나갔습니다. 모임은 항상 화기애애했고, 평소에는 술을 자제하던 그도 그때만큼은 다른 사람처럼 연회가 되면 참석자들 사이를 돌아다니며 누구와도 이야기를 나누고 술잔을 올리며 허물없이 즐거워했습니다. 취해서 딱 하나 한국어로 부를 수 있는 게「도라지」라는 노래였어요. 저도 그것을 듣는 것을 매우 좋아했습니다만, 전주회 이외에서는 해주지 않았습니다. 나는 그의「도라지」를 다시 듣고 싶지만, 지금은 더 이상 바랄 수 없습니다.

다행히 그는 회원들에게 사랑받고, 신뢰받고, 기뻐하는 것 같았고, 이에 힘을 얻어 더욱더 열심히 모임에 임하고 있었습니다. 총회를 마치고 집에 돌아와서 그날의 금전 출납 명세서 정리를 그날 밤에 정리하고, 이것으로 마무리했다. 올해도 여러분을 기쁘게 해드릴 수 있어서 다행이라며 서로 안심하고 또 내년을 기약하며 의욕을 불태웠습니다. 15년 동안 우리 생활에도 변화가 있었는데, 70세가 되던 해에 그는 회사를 그만두었습니다. 그 이

전부터 점점 늙어갔고, 모임 운영도 매너리즘에 빠졌기 때문에 다른 사람과 교대하며 청신호를 불어넣어 주려고 했던 것 같은데, 그 기회에 이르지 못하고 회사를 그만두고 편해졌으니 죽을 때까지 해보자고 하셨습니다. 아빠한테서 전주회를 뺏으면 아무것도 남지 않는다며 농담을 하기도 했어요. 글씨를 잘 쓰는 사람이었기에 회원들이 보내오는 편지에는 하나하나 바로 답장을 써서 몇 번이고 우체통에 넣으러 다녔습니다. 회사를 그만두고 나서도 그것도 운동의 하나라고 말씀하셨던 분입니다. 그의 갑작스러운 죽음으로 임원 여러분께도 심려를 끼쳐드려 죄송하다는 말씀을 드립니다.

그가 남긴 자전적 내용이 대학노트에 두 권이 있었습니다. 얼마 전 한 권을 구해서 딸과 둘이 읽어보았습니다. 전주 시절의 생활도 세세하게 눈에 보이게 적혀 있어요. 아, 이때 결혼을 했구나, 이때 장남 마사노리(正範)가 태어났구나, 그 다음에 후미코(富美子), 드디어 1944년 여름에 막내 아키코(昌子)가 태어났구나, 한 살배기 아기를 데리고 인양하는 일이 얼마나 힘들었을까, 눈물이 날 지경이었어요.

병원 생활 일주일 만에 마지막에 요독증을 동반한 것이 치명적이었고, 결국 말없이 세상을 떠났습니다. 비록 일주일이라도 자식들에게 둘러싸여 고통 없이 정말 평온한 부처님처럼 편안히 가셨습니다. 1977년 8월 10일 오전 4시 5분, 향년 71세 8개월이 되시던 날입니다. 장례식에는 전국 각지의 회원님들께서 보

전주회 제23회 대회 (1977.4.24. 지요다구 간다 통운회관) 좌측에 전주회 깃발이 보인다.

내주신 많은 애도와 조문으로 가족 일동은 진심으로 감사의 말씀을 전합니다.

구라하라가 마지막까지 회를 돌볼 수 있었던 것도 회장님을 비롯한 임원님들, 전국 각지의 회원님들의 전주 사랑이 있었기에 가능했던 것입니다. 여러분 정말 감사합니다.

회장님도 몇 대가 바뀌었습니다. 부회장님, 임원님, 회원님들 중 몇 분이 돌아가신 것은 아쉬운 일이지만, 앞으로는 선배님, 후배님, 젊은 분, 어르신들 모두 힘을 합쳐 전주회를 지키고 가꾸어 주시고, 앞으로의 발전을 거듭 다짐해 봅니다.

이번에 25주년 기념지를 편찬하면서 고 구라하라(倉原範顕)와 돌아가신 아내 후지에다에게 바치는 공양이라는 생각으로 이 부족한 글을 쓰게 되었습니다. 지금은 하루하루의 시간이 매우 길게 느껴집니다.

천천히 천천히 흘러가는 나의 남은 시간….

나의 운을 개척한 전주

구로다 지키스케(黒田吉助)[28] 야마구치현(山口県)

개구쟁이 시절부터 청춘 시절까지 약 15년간을 전주에서 보냈다. 지금 생각해 보면 아득한 옛날의 꿈같은, 그리고 어머니와 함께한 그리운 내 인생의 귀중한 한 페이지였다.

이후 종전을 사이에 두고 40년, 그사이 태평양전쟁, 시베리아 억류, 취업난, 생활고 등 파란만장한 삶을 살았지만, 지금 가족과 함께 이 땅에서 안식의 나날을 보내고 있는 것은 당시에는 꿈도 꾸지 못했던 일이었다.

그러나 이렇게 살아난 자신을 운이 좋았다고 하면 그만이지만, 오히려 그 운을 개척해 온 씩씩함을 키워준 것은 바로 오래된 전주의 풍토이자 풍물이 아니었을까. 그런 만큼, 지금의 눈으로 멀리서 그리운 고향의 마음을 다시 한번 확인해 보고 싶다.

들기로는 지금의 전주는 인구도 늘고 식민지 시대와는 많이 달라졌다고 한다. 그러나 이국땅이 된 전주에서도 우리를 키워준 변함없는 풍물이 좋은 한국인들을 길러내고 훌륭하게 발전하기를 간절히 바란다.

2부
성냥갑 열차

버들강아지와 꽈리

시미즈 아쓰코(志水敦子) 오사카(大阪府)

어머니가 태어나고 자랐으며, 내가 태어나고 자란 전주. 대정정 1정목 55번지 마루야마(丸山)포목점, 이곳이 나의 집이었다.

혹독한 겨울이 전주천의 얼음과 함께 흘러가고, 밑도 끝도 없이 파란 하늘과 노란 연꽃을 타고 찾아온 전주의 봄, 우리 집 마당에 겹벚꽃이 겹겹이 피어나고, 이윽고 모란, 작약, 홍백장미, 산벚나무, 산수유에 이어 대문 옆의 밤나무꽃이 땅에 떨어질 즈음, 애견 미네(ミネ)가 낳은 새끼들이 마당을 뛰어다녔다.

이 정원에서 가세(加瀨)의 마사코(公子), 하세가와 도미코(長谷川富子), 하루에(春枝), 동네 소녀들과 함께 하루 종일 장난을 치고, 붉은 매화 꽃잎과 물을 섞어 장미빛 물을 만들고, 흙으로 만든 만두와 나뭇잎으로 만든 도시락을 소중히 들고 소풍을 가는 곳은 대문 밖 골목길 끝에 작게 쌓은 언덕(築山)이었다. 그리고 대정정

1942년경
전주 대정정 1정목
(『전주부사』)

(大正町) 거리에서 어두워질 때까지 돌멩이치기, 고무줄놀이를 즐겼다. 돌멩이로 딱 좋은, 반듯하고 둥근 적당한 무게의 매끈매끈한 돌을 찾으러 가는 곳은 전주천의 냇가나 새 전주신사(全州神社)의 하얗고 고요한 경내였다.

여름 대륙의 햇빛은 강해서 우리는 우리 집 창문 앞의 화강암에 앉아 노는 것이 가장 시원하고 기분 좋다는 것을 발견하고 담벼락 옆의 붉게 익은 꽈리와 버들강아지를 들고 이 화강암에 나란히 앉아 꽈리를 불며 놀았다.

전주의 푸릇푸릇한 하늘과 보송한 공기. 전주천의 깨끗한 물과 냇가의 뜨거운 돌멩이. 멋진 붉은 벽돌의 천장이 높았던 학교와, 그리운 대정정 거리의 상점들, 그 모든 게 대륙의 눈 부신 햇살을 받아, 행복하게 빛나며 내 가슴속에 지금도 있다.

부모님과 할머니는 돌아가셨지만, 일본에서 수십 년을 살면서 전주 시절과 별반 다르지 않은 생활을 누리고 있는 지금도 왠지 일본의 이 집은 임시 거처이고, 나의 진짜 집은 저쪽 땅에 있다는 생각을 떨쳐버릴 수 없는 것은 왜일까….

지난봄, 39회(三九会)의 후나야마(船山) 님, 미즈카미(水上) 님의 배려로 꿈에 그리던 전주의 마을을 방문할 기회를 얻었다. 김포 공항에서 한 발짝 밖으로 나오자 아, 이 공기와 빛을 나는 계속 찾고 있었구나, 하는 생각에, 온몸에 그리움이 가득 차올랐다. 서울 교외에서 하룻밤을 묵고, 일본에 비해 어딘지 모르게 탁 트인, 한가로운 풍경 속 전주로 향했다. 만약 나의 그 집, 적어도 정원의 나무들과 창고만이라도 나를 기다리고 있었으면 좋겠다고 생각하며 계속 찾아갔지만, 슬프게도 우리 집은 허름한 싸구려 가게 몇 채로 변해 아무것도 남아 있지 않았다. 하지만 공통의 추억과 전후의 쓰라린 경험을 가슴에 품고 있는 사람들, 그 마을, 그 집을 몇 시간씩 걸으면서 처음 만난 사람들이 대부분인데도 불구하고 금방 마음이 통하는 것이 신기할 정도였다.

산자수명(山紫水明)의 땅 전주도 우리가 살던 때보다 훨씬 인구가 많은 동네로 변모했고, 강변이 훨씬 넓어진 전주천의 물은 더러워져 마음이 슬프기만 했지만, 소학교나 대정정 거리에서 보이는 산세, 남문, 시장에서 본 명태 건어물과 조선 엿, 떡, 잣, 역시 어린 시절이 여기저기서 되살아나 마음을 달래주었다.

여러 가지 일이 있었지만, 이렇게 사랑하고, 추억할 수 있는 장소를 가질 수 있다는 것, 그리고, 일본의 풍습과 마찬가지로, 한국이라는 외국과 사람, 풍습을, 이유 없이 사랑할 수 있는 것은, 정말 마음을 풍요롭게 하고, 일본에서 태어나 자란 사람은 알 수 없는 행복이다.

성냥갑 열차

구메 시즈히코(久米静彦)[29] 가고시마현(鹿児島県)

생각해 보면 1923년 이리역에서 전북경편철도, 그야말로 성냥갑이나 다름없는 기차로 흔들리며 전주역에 도착. 당시 전주역은 한산했고, 역 앞에는 전북철도주식회사, 마쓰모토(松本)운송점의 간판이 있는 정도의 역이었습니다. 대정정까지 포플러 가로수길로, 인력거를 타고 대정정까지 가는 역에서 호남선[30]이 남원까지 뻗어 여수까지 연장되고, 전주역도 노송정으로 이전, 역 건물도 전주는 고도(古都)라는 이미지에 맞게, 구 전주역도 조선식 건물로 바뀌었고, 그사이 대정정도 조선식 초가지붕에서 전주국(全州局)[31]까지의 3정목까지 바뀐 것이 1926년경, 1928년 11월 10일 지방사절단 행사가 열린 도청 전주서(署), 혹은 전주소방서의 신축으로, 남대문의 통행금지, 경기전 혹는 전북제사 근처의 한벽루, 남고산, 오래된 전주신사, 야마모토 에쓰조(山本悦藏)[32]씨의

1939년 진북정 현판
(『전주부사』)

벚꽃 식수와 도립병원 근처의 기타모토 마쓰오(北本松雄)[33] 씨의 오래된 건물 등, 추억이 주마등처럼 스쳐 지나갑니다.

  정말 좋은 추억이 될 것입니다. 저는 전주에서 23년 8개월 동안 살았습니다. 자료는 1922년경의 전북의 사진집입니다. 이 사진집은 제가 유일하게 전주에서 자라 인양 때까지 간직한 것으로, 55년 동안 추억으로 보관했습니다.

경기전의 불법승

와타나베 게이(渡辺競)[34] 미야기현(宮城県)

어릴 때부터 작은 새와 화초를 좋아하여 사육 식재를 즐겼는데, 1943년 4월에 전주국민학교로 전근. 청수정(清水町)에서 살던 7월의 어느 날 밤, 라디오 실황 방송으로 온 일본을 떠들썩하게 한 불법승(仏法僧)인 듯한 목소리가 경기전 쪽에서 들려 왔다. 가까이 가도 어둑어둑한 숲, 모습은 보이지 않지만 바로 불법승이다. 가만히 있지 않고 전북신보(全北新報)에 투서해 기사화된 것이 떠 오른다.

식량 증산을 외치던 시절, 농촌을 돌아다니다가 전주로 가서 직업과 주임이라는 칭호를 받았다. 고등학생들을 고무시켜 교정의 절반 이상을 밭으로 가꾸어 고구마, 가지, 토마토, 호박 등으로 채웠고, 게다가 학교 건물 남쪽의 화단도 점점 소나무와 보리밭으로 변했다.

일제강점기 전주상생공립국민학교, 1950년 전주국민학교로 교명이 변경되었다. (『전주부사』)

　종전이 되어 동 기숙사에 모였을 때, 작별의 파티를 열어, 교정에서 난 작고 동글동글한 찐 감자를 먹으면서, 각각 내지에 인양되지만, 5년 후에 모두 함께 후지산에 오르는 것을 약속해 「15(いちご)회」라고 이름 지었다. 15는 8월 15일의 15이다. 그러나 세상 물정은 극도로 엄했고, 정신적으로나 경제적으로나 실현하기 어려웠다. 1967년 가까스로 명부 작성에 착수하여, 1969년 8월 15일 슈젠지(修善寺) 온천에서 재회의 기쁨을 느꼈다. 그리고 다음 날 모두 후지산에 오른 것은 감격의 극치였다.

군산 토박이 미곡 무역상

가네모리 슈이치(金森秀一)[35] 오사카(大阪府)

얼마 전 전주회로부터 25주년 기념호를 낼 테니 협찬해 달라는 통지를 받았다. 10월 31일에 바로 소요액을 송금했다. 어느 모임에서나 그렇지만, 친절하게 대해주는 사람이 없으면 영속하기 어렵다. 손해를 감수하고 헌신하는 중심인물이 존재할 때 비로소 모임이 생기고, 동지들이 모이고, 그리고 발전해 나가는 것이다. 고 구라하라(倉原) 씨는 전북제사 재직 당시 공장장이 이가라시(五十嵐) 소위, 체구 당당에 말술도 거부하지 않는 호걸로, 재향군인 북분회장(在鄕軍人北分長)으로 나와는 장교단, 재향군인회 친목회 모임에서 자주 함께 술을 마셨던 분이다. 구라하라 형은 확실히 북분회에서도 꽤 중요한 자리를 차지하고 있어, 이가라시, 구라하라의 콤비가 북분회를 지탱하고 있었던 것으로 기억하고 있다. 당시 나는 재향군인연합분회, 제7예역비역장교단의 부장이었는데, 히모토(比本) 군이 허약 체질(腺病質)이었기 때문에 군(軍)의 요청에 따라 내가 총대를 메지 않으면 안 되는 입장이었고, 더구나 직장 전매국에서는 재향군인 서분회장, 청년훈련소장, 특설방호단장까지 맡게 되어 별일이 없는 상황에서도 매일 출근할 때 군복 차림으로 다닐 수밖에 없었던 것이다. 이야기가 옆길로 빠졌지만, 그런 상황이었기 때문에 이가라시, 구라하라 두 형과의 인연은 오래도록 기억에 남아 있다. 전주회는 발족 이래 구라하라 형을 주축으로 하여, 아니 형의 주장에 힘입어 그 후 20여 년에 걸쳐 전주 인양자의 오아시스를 일궈냈다.

  그래서 솔직히 말해서 작년에 형님이 돌아가셨다는 연락을 받았을 때, 전주회의 큰 위기가 왔다고 생각하며 깜짝 놀랐지만, 형님의 지난 노고에 대한 진심 어린 애도의 뜻을 표하기 위해 몰래 불단에서 독경한 것이 전부였다. 그런데 이번 안내문도 변함없이 사무실이 구라하라 형님 댁으로 되어 있고, 부인이 돌봐주고 있다는 것을 처음 알게 되었다. 실례지만 구라하라 형의 재혼은 아직 10년 남짓한 기간밖에 안 된 것 같은데…, 이건 내 착각일지도 모르겠다. 전에 부인을 잃으셨다는 소식을 듣고 적당한 사람이 없을까 고민하던 중, 우연히 지금의 부인과 함께 모임을 돌보시는 형님의 모습을 뵈었던 것이 통운회관으로, 그럭저럭 이 정도 세월이 흐른 것 같다고 생각한 것이다. 부부의 유대와 인연은 아무리 세월이 흘러도 끊어지지 않는 법이다. 평범한 말 같지만, 핵심적인 사항이다.

나도 초혼이 아니어서 50년 금혼식은 아직 10년이 남았다. 이를 대신하여 구라하라 형은 그 1/4 정도의 연수로, 남은 부인이 부군의 뜻을 이어받아, 가업이 아닌, 사람을 돌보는 것, 이만한 사회봉사는 없지 않은가. 바로 히에이잔(日叡山)[36] 창시자의 「한 귀퉁이를 비춘다(一隅を照す)」라는 말을 몸소 구현한 것이 구라하라 형 부부일 것이다. 불쑥 여사님은 조선에 인연(ユカリ)이 있는 분이 아닐까, 그런 생각이 들었다.

헌정의 신, 미에현(三重県) 출신의 오자키 가쿠토(尾崎咢堂) 선생이 말하기를 「성공자란 가장 많은 기쁨과 행복을 남에게 주고 기다리는 사람이다.」라고 갈파했다. 세상은 바야흐로 물질 만능, 정신적인 면에서 퇴보가 심각하다. 선생님의 말씀은 바로 현재의 세태를 날카롭게 통찰한 것으로 해석된다.

유한한 것은 서로 빼앗지 말고 나눠야 하지 않을까. 이에 반해 정신적 충만, 성장, 숙성, 확충 등은 무한하다. 인간은 이 면에 한 층 더 박차를 가하고 나아가야 할 존재임을 새삼스럽게 생각하는 요즘이다.

또 붓이 옆길로 흘렀지만, 어쨌든 구라하라 부부가 이렇게까지 전주회를 위해 애써주시는 것은 정말 타의 추종을 불허하는 일이며, 진심으로 감사의 마음을 전한다. 이 부부의 부부애의 구현이 지금 전주회에 투영되어 있는 것에 다시 한번 감사의 마음을 전한다.

글이 길어져서 죄송합니다만, 「투고 매수는 제한이 없다.」고 했으니, 그 말을 믿고 이제부터 본론으로 들어가 보겠다.

나는 군산부 삼조통(三条通)의 자택에서 출생한 진정한 2세이다. 물론 종자는 일본 종자를 사용한 것도, 일본 내륙에서 재배한 것도 틀림없는 2세이기 때문에 이른바 야마토혼(大和魂)의 정체성을 항상 자랑스럽게 여겨왔다. 군산부는 부산, 목포와 함께 이른바 남선 3대 무역항이었고, 나중에는 조선 쌀(鮮米)의 반출 항으로 전 조선 제일의 당시 2백만 톤(屯)을 호언하던 항구도시였다.

우리 집에서는 아버지 때부터 군산 토박이 미곡 무역상으로, 종전 전인 1935년경에 약 연간 5말들이 5만 가마니, 수량으로 17만 5천 톤, 군산항의 약 1/10은 내던 셈이 된다. 최근의 킬로나 톤(屯)의 계산은 서투르지만…. 5말 부대에 5만 가마니만큼은 틀림없다.

조선총독부가 발행한 우편엽서로 군산항에 쌓여있는 쌀가마니를 촬영 (국립민속박물관)

군산의 거리는 지금의 교토와 마찬가지로 서쪽에서 동쪽에 걸쳐 남북으로 9개 시가의 대로가 있고, 동서의 거리 이름은 잊어 버렸지만, 영국인 기술자가 설계한 것이라는 말이 있다. 후에 발전하여 호남선이 다이쇼(大正) 초(1912)에 개통되고 논밭 가운데에 이리역이 탄생하여 군산까지 지선이 생긴 후로 동쪽 시가 지역은 엉망진창이 되어, 그나마 바둑판처럼 정돈된 군산부도 쇼와(昭和) 초(1926)에는 미로와 같은 길목으로 변해버렸다.

1914년[37] 경인가, 당시의 오쿠마(大隈) 내각에, 조선 쌀의 내지 반입세 철폐 문제를 진정하기 위해, 조선상업회의소의 대표로 아버지와, 당시의 부윤(현재의 시장) 사카가미 사다노부(坂上貞信)[38] 씨(후에 중의원 의원이 됨)와 둘이서 상경 중, 지배인 미노 기치(美濃吉)(통칭으로 기후현 출신은 아님)가, 쌀을 잘 못 매매하여, 당시 돈으로 몇만 엔을 날려 큰 구멍을 내었고, 뜻하지 않게 군산항에서 선적된 조선 쌀이 침몰하는 큰 피해를 입어 재기할 수 없게 되자 심기일전하여 호남선(대전, 목포 간 이른바 호남의 곡창지대를 관통하는 지금의 산업개발선이기도 했다)의 정읍으로 이주를 결심하고 1915년[39]에 거주지를 옮기고 현미 제조를 시작하였다. 이 부분은 너무 길어질 것 같아 생략한다. 한편 전부터 인연을 맺어 다목비료(多木肥料), 스탠다드(スタンダード), 라이징선(ライジングサン)양석유회사, 동아연초회사(東亜煙草会社) 등 여러 대형 도매업체를 인수하고 있었다. 나는 그 무렵 어머니 친정이 있는 초등학교에 1년 정도 다녔고, 조선에서 초등학교 졸업 후 12살 때 단신으로 나고야

중에 유학하고 졸업, 진학을 단념하고 귀성하여 가업을 이어받았다. 때는 1922년의 4월이었다. 징병검사 갑종 합격, 1년 지원병, 1923년 12월 10일 대구 80연대 입영, 1년 4개월 만에 보병 견습사관을 마치고 다시 가업에 종사한 것이, 1925년 4월 1일이었다.

그 후 여러 가지 우여곡절 끝에 가업 중 하나인 연초 도매(煙草元捌)가 전 조선 합작으로 800만 엔 규모의 대기업[40]이 되었고, 아버지는 임원이 되고 나는 전주 총지점의 영업주임이 되어 전주에 머물게 되었다. 본정(本町) 거리의 이초오여관(銀杏屋) 앞에 세 들어 살았는데, 목욕통이 없어 남선 제일을 자랑하던 이초오여관의 첫 목욕통을 집사람과 함께 들어가게 된 것이다. 그 다시로(田代) 씨도 금년 8월 사망, 내년은 추모 1주년(初盆)이다. 향년 팔십여 세라던가, 인양 후 한 번도 재회하지 못했지만, 언제부터인가 편지를 주고받고 있었다. 이초오여관(銀杏屋)의 장남 나오요시(直義) 군은 특히 좋은 청년으로, 재향군인분회의 기수이며, 믿음직한 인물이었는데, 천수를 다하지 못하고 전사했다니 지금은 더욱 눈물에 목이 메었다.

그 후 종전 1945년까지 전주 거주이니 대략 20년 가까이 산 셈이다. 추억이 많은 것도 당연하다고 해야 할 것이다. 전주는 나에게 다음과 같은 추억이 있다. 그것은….

첫 번째는 처음으로 정말로 사회인으로서, 첫발을 내디딘 땅인 것. 앞에서도 썼듯이 연초합동회사에서 그 후에 전매국으로 인계되었는데, 그 첫걸음의 첫걸음이 바로 이 전주였다.

두 번째는 처음으로 아내 이외의 여성과 어울린 곳이다. 이것은 인생의 중대사로, 남자에게는 처음 동정에서 결혼하면 다른 여자에게 흥미가 생기는 것이다. 때는 아버지를 대신해 담배 도매인(元賣捌人)[41]회의 연회장에서 수완을 발휘해 결혼 후 처음으로 바람을 피웠다. 상대는 잘 나가는 도 내무부장의 그녀라는 것을 나중에 알았지만, 그리고 엄청난 빈뇨(ショッカチ)라든가, 뽕밭(桑原)이었다.[42] 상대방의 명예를 위하여 익명으로 함. 그러고 나서 힘들고, 아내의 성격도 있었지만, 그리고 자식을 얻지 못한 것도 있지만, 12년 만에 협의 이별의 결과로 끝난 것은, 이 추억의 일부가 그 이유의 일부를 차지하고 있는 것은 부인할 수 없다.

세 번째는 그전까지 학창 시절부터 독학으로 하던 궁도를, 처음으로 야마다 히코로(山田彦老) 사범(範士)에게 1933년부터 본격적으로 배운 것이다. 야마다(山田) 선생님은 지방 법원 앞에서 변호사를 하셨다. 정확히 맞은편에 간장 양조장의 오카자키(岡崎?) 씨가 나중에 활을 시작했다. 나는 차근차근 승단하여 1939년 5월에 시작한 교토의 무덕제(武德祭)에 참가(이때 약종상인 사사키 게이지(佐々木圭治) 씨도 같이 있었다고 생각한다.) 운 좋게 한 방에 연사(鍊士) 칭호를 받아 기뻐했지만, 8월 중반에 선생님의 급작스런 타계로 슬퍼했던 기억이 난다. 그로부터 40년, 선생님에게 배운 궁도는 지금에 와서도 매일 정진하여 동호인을 위해, 자기 심신을 위해 도장을 만들어 근무하고 있다.

네 번째는 1935년부터 1940~1941년경까지는 정말 살기 좋은 세상이었다. 그야말로 자유경제의 황금시대였던 것 같다. 물자는 싼데 관리 급료은 내지의 60퍼센트 이상이었고, 근무도 여름에는 매일 오전 근무만 했다. 물론 말기에 폐지되긴 했지만, 뭐든지 해도 좋았던 시대였다. 따라서 큰맘 먹고 몸과 마음이 같이 활약할 수 있었던 것도 이 무렵으로 나로서는 생애를 통틀어 가장 충실했던 때이다. 지금의 국민체육대회의 전신으로, 격년 1회 메이지 신궁에서 개최되었다. 봉찬(奉贊)대회에 제2회인 1937년부터 1941년까지 3회 연속 조선 대표 선수로 출전하여 3연승의 영광을 누렸던 기억도 전주 거주 덕분이었다.

그리고 전주에는 활을 쏘는 친구들이 많이 있었다. 그래서 대항전을 하기 위해 봄 가을 두 번 대회를 열기로 하고 지방법원(고미 잇페이(五味逸平)[43] 원장, 간니시키(干錦) 검사정 외), 식산은행(다케무라(竹村), 고가미노 료(小神野両) 씨 외), 전매국(가네모리 외), 도청(현 나고야 거주 사토(佐藤) 병원장의 부친인 기쿠난지(規矩爾) 씨, 아베(阿部) 농림기사 외), 지역(사사키 게이지(佐々木圭治), 히와타시 이에사카에(樋渡家栄), 오오키 류이치(大木竜一)), 전유조합연합회의(스즈키 이세지(鈴木伊勢治), 쓰보치 보(坪内某), 요시타니 겐키치(吉谷源吉) 옹, 다무라(田村) 술집 주인, 고야마(小山) 철물점 주인) 등 다섯 팀을 편성해 경기를 치렀던 기억이 아련하다. 우리 집은 무덕전 궁도장의 샛길 하나가 북쪽에 있어 앉은 자리에서 도장이 잘 보이기 때문에 매일 누군가 오면 금방 알 수 있어서, 바로 가서 연습을 했다.

기회가 있어 지난 1973년 4월에 전주에 갔는데, 무덕전은 이미

조선금융조합연합회 전라북도 지부, 현재 선각사 (『전주부사』)

없고 마츠오타이요오도오(松尾太陽堂)도 없어지고 전 도청 앞에서 금융조합연합회, 부청 근처까지 큰길이 나 있었는데, 다행히 우리 집은 옛날 그대로의 모습이었지만, 그것은 외형만 그렇고, 내부는 전부 온돌로 개조되었고, 남쪽의 집 안은 개인실이 증축되어, 종전 후 5번째 집주인이라던가. 옛 모습은 많이 변했지만, 그래도 정겨웠다.

다섯 번째는 종전 최후의 인양지였다는 점이다. 종전의 소식은 북선의 산중에서 들었는데, 고된 도피 생활을 거듭하며, 임신한 아내를 걱정하여 전주로 돌아온 것이 10월 3일인가 4일이었다. 예정일이 10월 10일 전후였기에 9월 중에는 어떻게든 귀가하고 싶다고 생각했지만, 150명의 부하를 거느린 대장으로서 책임은, 패전 후 계급이 없어졌지만, 하루아침에 사라지는 것이 아니기 때문에 각자의 처지와 자신의 안전 등을 생각하면 간단히 끊을 수 없는 일이라, 마음먹은 것 보다 약 보름 늦게 끝났고, 아내와 어머니, 아이들은 이미 출발한 뒤여서 아쉬웠다.

근무지인 전매국, 병사부에 정식으로 귀환 보고를 하고 북선에 남아 있던 전주 출신 부하들의 가족(4, 5명이었나?)에게 상황을 전달하고, 가족을 따라 6일에 출발한 것이 마지막이 되었다. 부산의 이모네 집에서 귀국선을 기다리고 있는 가족의 연락을 받고 일단 부산까지 가서 배웅을 하고 나서, 다시 전주로 돌아가 잔무 정리를 할 생각이었지만, 도중의 분위기는 도저히 그런 기분이 들지 않을 정도로 좋지 않은 분위기였고, 한시라도 빨리 내지로 돌아가고 싶었고, 그 순간부터 재산 따위는 아무것도 아닌 것으로 생각하며 돌아서게 되었다.

집에 돌아와 보니 어머니가 계신 곳은 농지해방으로 무력화되어 있고, 그저 옛날부터 내려오던 체면치레는 유지해야만 하는 상태였고, 처가도 마찬가지여서 앞날이 캄캄한 상황이었지만, 약 한 달간의 요양 후 재건 계획에 착수하여 이듬해 1월 현재 위치에 정착할 수 있었다. 그로부터 20여 년간 우여곡절 끝에 아무래도 자녀를 사회에 내보내고, 아내와 두 사람의 생활로 돌아가, 좋아하는 궁도를 통해 많은 동호인과 함께 조금이나마 사회에 공헌하고 싶다고 생각하고 있다. 생각해 보면 길었지만, 순간의 꿈 같기도 하다. 전주에서 인생의 1/5을 보낸 나에게 전주는 잊을 수 없는 땅이다. 다가정, 한벽루, 남문, 프랑스 교회, 전주천, 덕진공원, 동산농장 등 차례로 뇌리에 물씬 떠오른다.

매수 제한이 없다고는 하지만, 혼자서 장황한 글을 올리는 것은 좀 아닌 것 같아서 이쯤에서 붓을 놓으려 한다.

전주소학교 교직 생활

가모리 지에코(香森智惠子)[44] 도쿄(東京都)

전주회 창립 25주년을 맞이하여 진심으로 감사와 축하의 인사를 드립니다.

제가 처음 전주회에 참석하게 된 것은 지금으로부터 11년 전, 전주고녀 동창회가 도쿄 규단(九段)회관에서 열린 지 한 달 후였습니다. 이 동창회에는 230여 명이나 되는 회원이 전국에서 참가하여 현지의 저희는 특히 감격했습니다만, 그때 전주회의 따뜻한 후원을 받았기 때문에 감사의 의미를 담아 동창분들과 함께 참석했습니다. 그 후 모임에서 자기소개를 할 때 제가 "지금부터 50년이나 지난 일입니다만, 여학교 정문 앞에 마쓰모토 산요엔(松本山羊園)이 있었던 것을 기억하시는 분이 있을까요, 그것은 제 삼촌의 집이었습니다."라고 말하자 나이 든 동네 분이 미소를 지으며 고개를 끄덕여 주셨습니다. 열두 살짜리 소녀였던 저의 전주

생활이 여기서 시작된 것입니다.

"구름의 그림자, 달의 그림자, 하늘을 나는 새의 그림자, 낮도 밤도 멀리 여행을 떠나, 다가(多佳)의 물결 맑아라"

가끔 여학교 시절의 교가를 부를 때면 아득한 고향의 풍경이 아련하게 떠오르고, 청춘의 추억이 떠올라 마음은 저절로 젊어지고 즐거워집니다.

그런데 나의 전주 시절 중 가장 보람 있었던 시기를 꼽으라면 종전까지 몇 년 동안 전주소학교 교사로 지냈을 때일 것입니다. 가정에서는 출정(出征) 중인 아들이 맡긴 소중한 며느리로 아버지(도 농정과 도야마(富山) 소작관)와 어머니의 자상한 배려에 힘입어 오로지 교직에 전념했고, 스스로도 이 일에 자부심을 가졌던 것 같습니다. 노송정의 높은 언덕에 우뚝 솟은 그 붉은 벽돌 교사에서 요시다(吉田) 교장 선생님 이하 유능한 30여 명의 선생님들과 순수한 아이들과 함께한 알찬 시절은 평생 잊을 수 없는 소중한

전주공립고등여학교(『전주부사』)

나날들이었습니다.

> 「산은 아름답고 물이 맑다 호춘(湖春)의 도시 봄과 가을에
> 함께 희망을 이야기하며 밝고 즐겁게 자라나는
> 우리들은 전주소학생 마음은 바르게 몸은 튼튼하게」

라고 아침 조회에서 드높이 부르는 1,200여 명의 교가의 힘찬 울림. 그러나 예상치 못한 종전이 되어, 뜻하지 않게 이 추억의 교사와의 이별의 날이 찾아왔습니다. 전교생 앞에 선 야마시타(山下) 교장의 이별의 말은 지금도 가슴 깊이 남아 있지만, 그 선생님도 지금은 세상을 떠났습니다.

> 어느 날인가 만나는 것은 이루어진다
> 맑은 눈동자의 이 아이여
> 이별하고 조국에 인양하는 이 아이들아!
> 아무 탈 없기를 그저 기도할 뿐

학교 비품 목록과 함께 인수인계를 마친 날은 갑자기 힘이 풀린 기분이었습니다. 이제 작별 인사와 교정에 서서, 뒤돌아보는 학교 건물의 창문들에는 풍남소학교 학생들이 자랑스럽게 「오늘부터는 우리 것」이라는 듯이 창문을 닦으며 저를 내려다보고 있었습니다. 붉은 커다란 석양이 다가정 숲에 잠겨 있는 곳.

오늘부터는 더 이상 우리 것이 아닌 학교의
떠나기 어려운 노송(老松)의 문

그날부터 벌써 30여 년의 시간이 흘렀습니다. 붉은 벽돌의 교사는 변함없는 모습으로 당당히 현존하고 있으며, 여기에는 모든 학생의 학적부가 모두 지금도 소중히 보관되어 있습니다. 이를 모교로 사모하는 졸업생 여러분이 찾아와서는 그리운 추억에 눈물을 흘릴 때면 훌륭하게 성인이 되신 당신의 소년 시절 기록이 이 학교에 「영구 보존」되어 있다는 것을 알게 되어 감격스럽기도 합니다.

평화로운 현재의 생활 속에서 전주로 이어지는 변변한 모임이 있습니다. 뜻밖의 지인이나 동창분이나, 예전의 동 기숙사나 제자, 부모님들을 만날 수 있는 기쁨이나, 문득 손에 쥔 두꺼운 편지의 발신인이 2학년이었던 그 귀여운, 철부지라고, 순간 가슴이 철렁 내려앉을 정도의 감격. 그리고 저녁 식사 때 부담 없이 받은 전화의 소리가 "혹시 선생님인가요, 저는 37년 전 전주소학교에서 신세를 진 OO입니다."라는 갑작스러운 목소리에 순간 놀라 수화기를 움켜쥐는 것입니다. 그때 비장한 마음으로 헤어진 맑은 눈망울의 사랑스러운 소녀의 얼굴이 또렷이 떠오르며, 지금 생각해 보면 부족하지만, 교사로 살았던 지난날의 인연에 감사하고 있습니다. 전주는 아득한 바다 저편이지만 제 삶 속에 깊이 뿌리를 내리고 풍요롭게 살아 있는 것 같습니다.

1922년 전주로 발령

시노기 히데오(篠木英雄)[45] 에히메현(愛媛県)

　전주회를 위해 항상 애써주셔서 감사합니다. 자료 수집이 늦어서 비록 늦었지만, 30년이 지나면 대부분 소실되니 참고가 되시면 감사하겠습니다.

　전주의 일본인회 발행 인양인 명부 및 행정(郡町) 관계 인양인 명부도 있었습니다만, 50여 년[46]만에 소재가 확인되었습니다. 전 전주 군수 후지타니(藤谷) 씨의 동생으로 사세보(佐世保)에 거주하는 후지타니 후지오(藤谷藤雄) 군에게 전부 대여하여 수중에는 없습니다. 오타 다케오(太田猛夫) 군도 작년 시즈오카(静岡)에서 사망하여 후지타니 군과 저는 장례식에 함께 참석했습니다.

　저는 1922년 전주에 발령받아 만주에서 왔습니다. 당시에는 아직 성벽도 대부분 남아 있었고 남문도 있었지만, 그리고 무주[47], 남원, 정읍, 진안[48], 순창, 김제[49], 임실, 완주, 정읍 마지막이 옛

일제강점기 관부연락선 항해 사진 (국립민속박물관)

건물터에 신축한 전주부에 근무. 난바(灘波)[50], 구로기(黒木) 부윤을 모셨습니다. 저도 오래된 사람일지도 몰라요. 현재 82살(1897년생)이 되었습니다.

그래도 전주 당시의 친구 니시야마(西山), 후지타니(藤谷), 나가노(長野), 하시구치(橋口), 모리야마(森山), 도타(土田) 부인, 나가시마(長嶋), 친척 관계이긴 하지만 헤이지마(平島), 다오카(田岡), 마쓰모토(松友), 아즈마다(東田), 미요시(三好)와 매년 연하장도 보내고, 또 만나기도 합니다. 생각해 보면 옛날이 그립습니다.

이런 글을 쓰면 끝이 없습니다. 다만, 현재 아이가 없는 부부로서 노후를 안전하게 보내고 있어, 나름대로 인양자로서 행복한 사람이라고 생각하고 있습니다.

조선 산업의 노래(내무부 관계) 조선 국경경비 노래와 동일한 구절

1. 관부(関釜)로 이어지는 8시간, 도착하면 조선 하늘이 맑고 비옥한 들판으로 이어진 13도(道)
2. 쌀에 콩에 명태에 검은 석탄에 흰 면화 황백이 뒤섞여 일어나는 움트는 산들
3. 압록강에 두만강 창정(蒼汀)삼림 수백리 흘러가는 뗏목 수없이 많네
4. 봄에는 꽃이 피는 모란대 가을 단풍 금강산 꽃은 피어 누구를 기다리나
5. 산천에 가득 찬 큰 부원(富源) 개척, 동포 나라를 위하여 힘써라 형제여 2000년

화산마을의 새 신사

이케다 데이코(池田悌子) 니가타현(新潟県)

얼마 전에 사진 동봉의 편지를 보내주셔서 정말 반갑고, 옛 생각이 납니다. 남편 에에지지(栄治事, 70세)가 1975년에 심부전증으로 갑자기 돌아가셨는데, 이 사진을 보고 여러 가지로 설명해 주실 수 있을 것 같아 아쉬웠습니다.

우리는 1944년 봄에 내각총리대신 도조 히데키(東條英機)의 사령을 받고 미지의 나라, 조선 전주 신사 궁사(宮司)로 부임했습니다.

당시 도쿄 혼고(本郷)의 자택에 살면서, 전쟁 중에 배급과 방공연습으로 바쁜 나날이었습니다. 식량이 풍부한 남선에 대한 기대를 가지고 이웃 사람들의 부러움을 받으며, 언제 돌아갈지 모르는 도쿄를 뒤로하고, 짐도 많이 가지고 도선해 갔던 것입니다.

전주 화산마을은 깨끗한 강을 건너 훌륭한 새 신사인 오거(鳥居)가 있었습니다.

긴 다리 앞에는 외국인이 세운 학교가 있었고, 넓은 교정에는 매월 8일 조칙을 받드는(大詔奉戴) 날이 되면 참배객들로 가득했던 기억이 납니다. 그 왼쪽에 옛 신사의 사무소는 관사로도 사용되었습니다. 1945년 봄에는 갑자기 관사 앞 경내에 군마 수십 마리가 묶여 있고, 외국 학교는 병영으로, 관사 현관은 수의사 사무실로 빌려줬던 기억이 납니다. 당시 군인으로부터 3월 10일에 혼고 일대가 공습을 받아 불바다라는 소식을 들었습니다. 여름이 되어 15일에 중대 방송을 했는데, 병사들은 우리 라디오를 듣고 실망했었나 봅니다.

그때부터 내지인들의 고생이 시작되었습니다. 어른 두 개, 아이 한 개, 50kg으로 열 개씩 짐을 싸고, 막대기(棍棒)를 사서 영어와 일본어로 된 짐표를 만들어 내지인 창고에 맡겼는데, 한 개도 보내주지 않았습니다. 패한 나라는 어쩔 수 없는 일이고 포기해야 하는 일이었지만, 어린 여섯 아이를 데리고 정말 힘들었습니다.

1938년 전주신사 및 광장의
다이쇼텐노 대례 봉축식
(『전주부사』)

우리 신사 관계자들은 가장 먼저 주둔군으로부터 인양 명령의 지시가 있어, 1945년 11월 16일에 안타까운 추억을 남기고 인양되었습니다. 당시 전주에서 친하게 지냈던 도미후지 다쓰노케(富藤辰之助) 씨라고 말씀드렸나요, 가쓰라야(かつらやさん)라는 양품점을 경영하는 분이 저와 같은 야마가타(山形)현에 사는 분이었어요. 그분도 고향으로 돌아와 문구점을 시작하셨다는 연락을 받은 적도 있지만, 워낙 눈이 많이 내리는 곳이라, 부인이 후쿠오카 분이었는데, 자식도 없이 재기를 위해 도쿄에 나가 네리마(練馬) 쪽에 집을 짓고, 남편도 한두 번 상경해 들러보신 적도 있고, 근처에 적당한 집이 있다며 신경을 써주셨지만, 그 당시에는 모든 것을 잃고 육아에 여념이 없는 바쁜 생활을 하고 있었기 때문에, 아쉽게도 부탁을 드리지 못했습니다. 그 뒤 얼마 지나지 않아 부인과 이어서 도미후지 씨도 돌아가신 것 같습니다. 제 아이들도 차례차례 둥지를 틀어서, 이곳에 소소하게 집을 지었고, 현재는 저 혼자 살고 있습니다.
　아이들은 마을에 한 명, 도쿄에 세 명, 사이타마(埼玉)에 한 명, 나라(奈良)에 한 명씩 떨어져 지내고 있습니다. 작년에 아들이 한국 서울에 가서 시간이 되면 자신이 태어난 전주에 다녀오겠다고 신사 사진을 가지고 갔는데, 서울과 거리가 멀어서 못 갔다고 다음 기회가 있으면 꼭 가보겠다고 전해왔습니다. 저 비석이 있는 사진은 어디쯤일까요? 정말 감사합니다. 사진 찍어주신 분께 감사의 말씀을 전합니다.

30여 년 전 그리운 전주를

다시 태어나 찾아가는 순례길

전주의 옛 도읍을 닮은 풍경을

그저 그리운 마음만 간직할 뿐

지난날 전주에 살던 사람들의

행복을 바랄 뿐이네

주거와 취미 생활

구도 미키치(工藤見吉)[51] 에히메현(愛媛県)

이왕(李王)의 발상지인 고도(古都) 전주는 내가 사회인으로 자란 곳이다. 그러나 고희를 맞이하게 된 현재, 놀던 곳 또는 벗의 이름을 멍하니 잊어버려 기억할 수 없게 되었다. 이번에 전주회 25주년 기념지가 발행되면서 지난날을 추억하고 젊은 시절에 만났던 친구, 놀던 곳을 추억하고자 한다.

부임

1931년 4월 3일은 따뜻하고 어두운 날이었다. 새로운 곳에서 근무한다는 희망과 불안감을 안고 수원의 농사시험장 잠사부(총독부립)에서 부임한다. 당시 전주역은 내가 있던 수원역과 같은 양식의 옛 조선 건축 양식의 건물로 신임지라고 생각되지 않을 정도로 정겨웠던 것이 첫인상이었다. 역에는 1년 전 수원에서 전북도청에 부임해 있던 권기동 씨가 마중을 나와 있어 하숙집 일이나 인사 등의 신세를 졌다. 그 후 2년 정도 지나서 다른 도로 전출되었는데, 지금은 어떻게 지내고 계실까?

주거

총각 시기의 첫 하숙집은 권기동 씨에게 신세를 졌고, 대정정의 이즈미야(泉屋) 여관의 별채에서 약 1년 정도 지내고, 다음으로 옮긴 것은 내가 근무하고 있던 잠업취체소(蠶業取締所)에 새로 오신 와타리(渡利) 씨와 같이 본정의 사쿠라이(櫻井) 씨의 셋집으로 옮겨 자취 생활을 시작했다. 그 후 와타리 씨의 새 부인이 내지에서 오셨기 때문에 근처의 하숙집으로 옮겼다. 이름이 기억나지 않지만, 여학교에 다니던 따님과 어머니 두 분과, 하숙하던 사람은 나 외에 학무과에 근무하는 사람(이름을 잊는다)과 둘이었던 것 같다. 다음으로 옮긴 것은 대정정의 야마모토(山本) 씨의 2층이다. 여기서 결혼할 때까지 신세를 진다. 야마모토 씨는 본래 잠업 관계의 일을 하고 있던 이유로(내가 있었을 때는 퇴직) 오래된 이야기 등을 들려주었다. 또 아주머니께도 신세를 많이 진다. 당시 야마모토 씨의 장녀인 후미코(文子) 씨, 귀여운 아이로 앳된 얼굴의 기억이 남아 있는, 당시 잠업조합에 계셨던 가타시마(片島) 씨의 장남과 결혼 소식을 듣고 무척 반가웠다, 건강할 때 만나 뵙고 싶다.

결혼 후 처음 살던 집은 후타바 가게(二葉屋さん) 뒤편에 세 들어

살았는데, 한 번 빈집 털이를 당하고 조심성이 생겨 대정정에 있던 미야자키(宮崎)재목점의 셋방으로 옮겼다. 이곳은 골목길로 들어가면 길이 막혀 있어 빈집 등에는 아주 안전한 곳이고 역과도 가까워 편리한 곳이었다. 하숙하던 야마모토 씨의 집과도 가까웠고, 조용하고 근처에 뽕나무 큰 나무가 있었다. 직업상 관심이 많았다. 이것으로 누에를 사육한다면 한 상자 정도는 기를 수 있지 않을까 하고 생각했다. 그 후에 큰 도로가 생기고 이 큰 나무도 제거된 것 같다. 이 집에서 큰딸이 태어났다. 고도 전주를 의미하는 '도코(都子)'로 이름 지었다. 당시 전주신사의 신주님은 에히메(愛媛) 사람으로 전주신사에 부임하여 첫 번째 결혼식을 맡았던 것이 우리의 결혼이고 그런 인연으로 아이들의 이름도 모두 전주신사에 부탁했다.

다음은 마침 전에 세 들어 살던 집이 비어서 거기로 옮긴다. 여기서는 둘째 딸 아키코(朋子)가 태어난다. 이웃은 임업과에 근무하는 이시가와(石川) 씨로 그림을 매우 잘 그리셨던 것으로 기억할

일제강점기 양잠하는 여인의 모습
(국립민속박물관)

뿐이다. 문 오른쪽의 취사장에서 말을 걸면 닿을만한 곳에 기노시타(木下) 씨가 살았다. 전북일보 편집장을 하셨던 것 같은데, 자녀가 큰딸[52]보다 조금 더 위였던 것 같은데, 자주 놀러 가면 예뻐하셨기 때문에 아이를 통한 기억이 많다. 연하장(年賀)을 받고 있기 때문에 건강하시리라 생각하고 있지만, 한번 뵙고 싶다. 기노시타 씨의 뒤쪽에는 측후소에서 근무하는 우라가와(浦川) 씨, 뽕나무의 큰 나무 아래에 야마모토 씨가 살았다. 야마모토 씨는 원잠종제조소(原蠶種製造所)의 서무과장으로 근무하고 있던 적이 있어, 그 당시부터 알고 있었지만, 이웃이 되어 가족분들에게 아이가 많은 도움을 받았다. 당시 여학교에 다니던 막내딸은 인양 후 만난 적은 없지만 연하장를 받으니 건강할 것으로 생각한다. 5년 전쯤 전주회에서 둘째 아들을 만나서 전주에서 이웃에 살았던 것을 알고 반가워했다.

당시 기노시타 씨, 야마모토 씨의 집에 방문해서 상당한 장난을 친 큰딸 도코도 현재 45살이 되어, 대학 3학년, 고등학교 3학년의 두 딸의 어머니가 되어 아이의 입시 걱정을 하고 있는데, 이런 추억을 떠올리면, 나도 나이를 먹었다는 생각이 든다.

1939년 4월 진안으로 전근하여 1년 진안군청에서 근무했다. 숙소는 진안군청 뒤편의 고지대로 햇볕이 잘 드는 곳으로, 진안군청에서 근무하는 보통 농사 주임, 임업 주임, 축산 주임과 숙소가 나란히 있었다. 바빠서 여럿이 놀았던 기억은 없지만 앞이 밭이어서 채소 가꾸기를 경쟁했다. 전시 체제로 퇴청 후에는 방공

우물에서 물을 푸는
여자 뒤로 자전거를
타고 가는 남자가 보인다.
(국립민속박물관)

감시소 근무로 종일 근무했던 일, 근처에 있던 공동 우물의 수량이 적어 물을 절약했던 일, 또 근처 농가에 화재가 있어 도와주러 갔더니, 갓난아이가 방에서 혼자 울고 있어 그것을 데리고 나갔던 일 등이 생각난다. 진안에서는 장남 요시히로(好宏)가 태어났다. 진안의 산파에게 신세를 졌다. 진안에서는 둘째 딸 아키코가 몸이 약하여 자주 전주의 도립병원까지 집사람이 아이를 모두 데리고 나갔다. 나중에 밥을 지을 때면 이웃 조선의 부인이 와서 가족처럼 되었다. 둘째 딸 아키코는 약했기 때문에 더욱 신세를 졌다. 또 진안의 오사와(大沢)여관 주인은 전 잠업 기술원으로 근무하기도 했으며, 잠사의 대선배로 목욕 등 여러 번 신세를 지고 있었다. 짧은 진안 생활이었지만 현재 어떻게 지내고 있을까. 생각나는 진안 사람들, 그리고 마이산.

 진안에서 1년을 지내고 1940년 4월 완주군청에서 근무하게 되어 전주로 돌아오는데, 그때 살던 집은 고사정(高砂町)이었다. 뒤쪽에 절이 있었고 유치원도 있었는데 산울타리로 둘러싸여 있어

뒤쪽으로 갈 수 있었다. 앞의 입구에는 마에다(前田) 씨로, 자녀가 두 명 있어서 아이를 많이 돌봐주었다. 그 앞이 고후지요정(小富士料亭)으로, 기미이사무(君勇) 씨는 기억에 남아 있는 사람이다. 이 집에서 둘째 아들 이사오(功)가 태어났다. 마침 공습경보 발령 중이라 방에 암막을 쳐서 빛이 밖으로 새지 않도록 하고 있었는데, 갑자기 산기가 와서(조산 기미), 현재처럼 전화가 보급되지 않은 시절이라 자전거를 타고 도립병원까지 산파를 부르러 가고, 다시 물을 끓이고, 대야를 준비하는 등 어두운 곳에서 해야만 해서 고생이 많았다. 이곳에서 1943년 1월 청주로 전출할 때까지 2년을 살았다.

취미

쇼와(昭和) 시대 초반은 마작의 전성시대였고, 나도 전주 시절에 실력을 양성했다. 이와 얽힌 수많은 추억이 있지만, 지금도 집에서 마작으로서 즐기고 있다. 고사정(高砂町) 시절 전시 체제 중에서 마작은 망국 유희로서 금지되어 있었지만, 이웃 노인 부부 집에 불려 가 방에 암막을 치고 마작을 즐겼던 기억이 강렬하게 남아 있다. 그 집 노인 여러분께는 큰 신세를 졌는데 이름이 생각나지 않는다. 요즘은 아이들이 모였을 때 하는 정도인데 감이 무뎌져서 지는 경우가 많다. 아이들의 여비를 부담하는 결과가 되지만 이기든 지든 멈출 수 없기에 장시간이 되는 결점은 있지만 밤을 새우지 않으면 기분 전환 방법으로는 가장 좋고 노인의 건강에는 최적이라고 생각한다.

● 바둑, 이것도 전주 시절에 실력이 좋아졌다. 당시 잘 두었던 와타리 씨는 지금은 고인이 돼 버렸다. 당시 배우기 시작할 무렵으로, 누구라도 거리낌 없이 했다. 이사소(取締所)에 있던 쓰지(辻) 씨, 도청 농무과에 있던 모리(森) 씨, 우에다(植田) 주임 기사, 잠종 제조가 쇼사키(正崎) 씨, 야마기시(山岸) 씨 등이 생각난다. 당시 나의 실력이 어느 정도인지 알 수 없었지만, 당시와 별로 다르지 않은 현재의 나의 바둑은 오슈바둑회관(大州碁会所)에서 2급으로 인정받았으니, 그때 상대해 주신 분은 초단이거나 2단 정도였을 것 같다. 지금도 토요일 등 방과 후 숙직실에서 젊은 선생님들과 바둑을 즐기고 있는데, 딱 같은 정도의 실력이라 이기거나 지는 상황에서 바둑을 두다 보면 정신없이 시간 가는 줄 모르고 귀가 시간이 어두워지기도 한다.

● 탁구, 전주 시절 이사소에 탁구대가 있어서 자연스럽게 하게 되었고, 자기류였던 전주소학교의 젊은 선생님(이름은 잊어버렸음)과 함께 했던 것이 기억에 남는다. 어떻게 직장도 다른 소학교 선생님과 탁구를 하게 되었는지는 모르겠지만, 어딘가에서 한 번 같이 한 것이 인연이 되어 한 것으로 생각된다.

● 궁술, 주임기사 사토(佐藤) 씨의 열렬한 권유로 도청 근처에 있던 무도관 궁도장에 이른 아침 일찍 가서 한 시간 정도 활을 당

겼다. 처음엔 짚단(卷藁)에 쏘다가 나중에는 과녁을 향해 활을 쏘게 되었는데, 함께 한 사람들은 대정정(大正町)에 있던 약방의 사사키(佐々木) 씨, 연초전매국의 가네모리(金森) 씨, 청주 양조장(おぢいさん)의 요시타니(吉谷) 씨, 궁도사범의 야마다(山田) 씨 등이 기억에 남는다. 나중에 야마다 씨는 중학교 동창이었던 야마다 군의 아버지라는 것을 알게 되었다.

● 요곡(謠曲), 주임 기사였던 사토(佐藤) 씨를 선생님으로 동호인 15명 정도, 도청 옆에 옛 도립병원의 터에 잠업취체소(蠶業取締所)가 이전해 왔기 때문에 그곳 검사실에서 주 몇 회씩 모여 배웠다.

● 가루타, 최근에는 오슈(大州)지방에서는 성행해 왔지만, 당시는 놀거리가 적었기 때문에 겨울이 되면, 집집마다 밤에는「가루타」를 치는 소리가 들려오곤 했다. 인쇄소(이름은 잊어버렸지만)의 목소리가 새어 나오던 집에 함께 올라가서 밤새도록 놀았던 일, 지금 생각하면 상상도 할 수 없는 일이지만 좋았던 시절이었다고 생각된다.

● 중학교 친구, 전북일보 기자로 일하던 다나카(田中) 씨가 갑자기 내가 근무하던 잠업취체소에 불쑥 와서 깜짝 놀랐다. 중학교 때는 나와 비슷한 키였는데, 전주에서 있을 때는 키가 더 커서 (6척 정도로 보였다) 깜짝 놀란다. 어미 나방 검사사원 강습생 모집

광고를 하려는데 다나카 씨가 기사로 전북일보에 실어줘서 큰 도움이 됐다. 그 밖에 여러 가지 조언을 해 주셨는데, 지금은 고인이 되셨다. 그 다나카 씨가 여러 가지로 연락을 취해 군산 출신인 마스다(增田) 씨(저와 동급으로 동경대졸)가 왔을 때 요시미야(吉見屋)에서 환영회를 했다. 모인 사람은 니시무라(西村) 씨(나와 중학교 기숙사에서 같은 방), 시즈카와(靜川) 씨 등 5명이었다. 그 시즈카와 씨는 마쓰야마시(松山市)에서 중학 시절의 선생님이 돌아가셔서 그 장례식 때 뵈었다. 당시 호남선 지방에는 중학교가 없었기 때문에 대전의 중학교까지 갔다. 그래서 대전에서는 모두 기숙사 생활이었으므로 1~2년 상급이든 하급이든 졸업하면 동급생 같은 느낌이었다. 전주 출신의 대전 중학 졸업생으로는 기노시타(木下), 후쿠이(福井), 다나카, 미우라(三浦), 유키요시(雪吉), 아시다(芦田), 구보쓰(窪津) 씨 등이다.

　도청 회계과에서 근무한 미모의 여자가 시즈카와 씨의 누나라고 언젠가 들은 적이 있다. 그분이 남문 근처에 있던 종묘 생산 판매를 하던 오타(太田) 씨의 부인이 되셨다는 이야기도 들었다. 그러던 중 작년 도쿄에서 전주회가 열렸을 때 나는 처음으로 참석하여 오타 씨와 그 부인을 만나 시즈카와 씨의 일이나 전주에 대한 이야기를 나누며, 매우 반가웠다.

● 오토바이, 1935년 무렵이었던 같은데, 출장을 갈 때 자전거보다, 효율이 좋고 편리하다는, 금산(錦山)의 잠업 주임이었던 가

스야(粕谷) 씨의 권유로 오토바이를 타기 시작했다. 더운 여름 같은 출장에 정말 좋다고 생각했다. 경제적으로도 기차 요금보다 유리했던 것으로 기억하는데, 정읍, 고창 정도까지의 출장은 오토바이를 이용했다. 전주에서 덕진을 지나 군산을 관통하는 넓은 도로를 질주하는 상쾌함은 현대판 폭주족의 기분과 비슷할 것 같다. 지금의 교통 상황과는 전혀 다르게 속도를 내도 남에게 피해를 줄 일은 없었다. 언젠가 큰물 때 전주신사로 가는 다리가 유실되어 중간에 끊어져 없어진 곳에 자전거 가게 주인이 오토바이를 타고 들어가다 강바닥에 떨어져 사망한 적이 있었다. 그때는 조심해야겠다고 마음속으로 다짐했던 기억이 있다. 그 후 기름 구입이 자유롭지 않아 자연히 탈 수 없게 되었다.

● 덕진, 이왕릉이 있던 울창한 송림과 연못. 일요일 가족끼리 놀기에 좋은 장소로 이른 아침에는 연꽃이 필 때 소리가 난다고 해서 몇 번 갔지만, 일찍 가지 못해서 소리를 들어본 적은 없지만 보트도 있고 정자도 있어 식사도 할 수 있는 곳이다. 근처에는 원잠종제조소(原蠶種製造所)도 있고, 별가내(別家內) 마을도 있어서 갈 기회도 많았는데, 넓은 그랜드에서 직장 사람들과 야구를 했던 일, 여러 가지가 생각난다.

젊은 시절을 보낸 전주에서 접했던 그리운 사람 또한 자연의 산과 강을 떠올리며 떠오르는 것들을 두서없이 적어 각필한다.

원철공장에 폭탄 투하

허점봉(許点奉) 도쿄(東京都)
(재일 전주 북중 동창회 간사)

저는 전주 상생정[53](태평동)에서 태어나 고사정(고사동)에서 자랐고, 전후에는 대정정 1정목(중앙동)에 살다가 뜻을 품고 1955년에 일본으로 건너와 현재는 신바시역(新橋駅) 앞에서 전주의 맛을 지향하는 불고기집 '한일관(韓一舘)'을 운영하고 있는 한국인입니다.

일본에 온 이후 전주에는 일 년에 몇 번 귀국하는 것 외에는 도쿄에 거주하고 있기 때문에, 저에게도 전주는 추억의 고향이 되었습니다.

종전을 맞이한 것은 전주 상생소학교(전주국민학교) 4학년 여름입니다. 소학교 시절의 기억으로는 입학 당시 성이 「허(許)」가 아닌 「가네모토(金本)」이었던 것, 학교에서 한국말을 쓰면 선생님이나 상급생들에게 명함을 빼앗겨 벌을 받았던 것, 선생님들이 모두 무섭게 보였던 것, 당시 교장 선생님은 사카키바라(榊原) 선생님으로 항상 가슴에 훈장을 하나 달고 계셨던 것 등이 기억에 남습니다. 담임 선생님은 고사정에 살던 곤도(近藤) 씨라는 여교사가 계셨고, 모내기에 동원되어 삼례 동산촌 등의 논에 가서 모내기를 하고 쑥으로 만든 빵을 얻어 맛있게 먹었던 기억. 학교 교정을 갈아엎어 감자밭을 만들거나, 학교 건물에 연탄재를 칠하고 방공호를 판 것 등이 생각나고, 곧 종전이 되어 교정을 운동장으로 되돌렸더니, 돌멩이가 가득해져 매일 아침 조회 후 돌멩이를 퍼 나르던 일 등이 생각납니다.

이 무렵은 고사정의 시멘트 공장 옆의 작은 길 안쪽에 살고 있었습니다만, 근처에는 나카노(中野)라는 분이 살고 계셔서 같은 또래의 아이들과 함께 패전을 애석해했고, 어머니가 일본어를 능숙하게 하지 못해「히카리노이에(光の家)」의 문패를 받지 못해 아쉬워하던 시기입니다.

종전 직후 아버지가 대정정 1정목의 스야마(陶山)상점에 신세를 지고 있던 관계로 스야마 씨 인양 후 그의 집으로 이사해 살고 있었습니다. 어머니는 최근 몇 번이나 일본을 방문하셨지만, 그때마다 스야마 씨를 한번 만나고 싶다고 입버릇처럼 말씀하셨지만 실현되지 못하고 재작년에 노환으로 돌아가셨는데, 최근 어떤 계기로「전주회」의 활약과 함께 근교에서 건강하게 살아계신 스야마 씨(陶山不二男, 부회장)를 뵙게 되어 감격스러웠고, 어머니를 생각하니 안타까운 마음 금할 길이 없었습니다.

종전으로부터 5년 후, 제가 전주북중학교 3학년 초여름 조선전쟁이 돌발, 북조선군의 진격과 맥아더 원수의 인천 상륙까지 약 3개월간 전주는 북조선의 정권에 놓여 있던 시기가 있었는데, 이 시기 연합군의 공습으로 처음에는 고사정의 옛 전매공장이 불탔고, 며칠 후 본정(청석동) 파출소 전방 약 50미터 앞의 원철공장에 투하된 수십 톤급 폭탄은 대정정 1정목 전역을 잿더미로 만들어 100여 명의 사상자를 내는 대참사가 일어났습니다.

저 또한 이 참사에 휘말려 중상을 입었고, 한순간에 집이 불타 버리는 상황이 된 것은 지금도 기억이 생생합니다.

어렸을 때 전주의 강은 물살이 맑아 물고기가 많이 헤엄쳤고 유리로 만든 물고기 병을 사용하면 많은 물고기가 잡혔습니다. 옛 신사가 있던 다가산 아래 근처는 물살이 급한 곳이나 깊은 곳, 소용돌이치던 곳 등이 있어 여름에는 아이들이 자주 수영을 했는데 매년 물의 희생자가 나오는 것이 이상하게 여겨지곤 했었습니다.

그 급한 물살과 물고기, 헤엄칠 수 있는 깊이 등 세월의 흐름과 함께 지금은 흔적도 없고 다가산 아래쪽은 도로가 생겨 다가정에서 완산정으로 가는 지름길이 되어 있었고, 다가산은 시의 공원이 되어 신사 터에는 훌륭한 학교가 세워져 있었습니다. 현재 전주는 서울에서 고속도로로 3시간 거리의 근교 도시, 인구 30만을 헤아리는 문화와 학원, 전원도시입니다.

경기전은 백제문화박물관으로, 조경묘[54], 한벽루, 오목대[55], 남고산성터 등 명승고적은 개보수되어 온전하게 보존되어 있었고, 덕진 부근이 시의 중심이 되면서 전주역은 머지않아 뒤편의 초포마을 부근에 신설될 것 같습니다. 연꽃이 만발한 덕진연못 일대는 국립공원으로 지정되어 화려한 경승지로 탈바꿈하고 있습니다. 주변에는 국립전북대학교의 교사와 시설들이 산재해 있습니다. 삽학정(揷鶴町)[56]의 전주사범학교는 전주교육대학교로, 기린봉 아래 전주남중학교는 전주상업고등학교로, 노송정의 전주북중학교는 전주고등학교로 바뀌었습니다. 전주고등학교(북중)는 국립서울대학교(일본의 동경대)의 진학률 전국 톱의 유명 학교로 북중 출신의 국회의원만도 10명에 달하며, 정치 경제 언론계 등에서 우수하게 활약하고 있습니다. 이번 총선에서 여당보다 득표수가 많았던 것으로 보도된 제1야당인 신민당 이철승 당대표는 전주 선출로 북중 출신입니다. 얼마 전 일본에 오셨을 때 북중 당시의 은사 야마다(山田) 선생님을 방문하셨습니다. 최근 전주 남중 출신 분을 만나보니 남중 동창회가 가끔 개최되고 있다고 들었는데, 재일전주북중동창회도 건재하니 선배님들의 참여를 기다리고 있습니다.

  한국의 발전과 함께 전주시 외곽에도 공업단지와 현대산업의 시설들이 유치되고 있지만, 시민 생활에 지장을 주는 공해가 발생하지 않기를 기원하는 마음입니다.

  높고 푸른 하늘, 순박하고 친절한 인심, 맛깔스러운 음식 등이 언제까지나 유지되는 전주이길 바랄 뿐입니다.

  두서없이 붓을 들게 된 것을 송구스럽게 생각하며, 인양의 고난을 이겨내고 오늘의 활약에 진심으로 「전주회」 여러분께 경의를 표하며, 이 뜻깊은 25주년 행사에 초대해 주신 여러분께 진심으로 감사를 드립니다.

일제강점기 교복 한복 기모노 서양식 정장 등을 입고 있는 남녀노소의 단체사진
(국립민속박물관)

남중학교 동창회의 통지

전주남공립중학교동창회

허점봉

　전후 전국 각지에 흩어져 있던 동창생들이 모처럼 정겨운 모임을 갖고, 추억의 전주와 전중(全中)의 추억담에 빠져들었지만, 30년이 지나서야 은사와 동창의 소식을 알게 되어 1974년 8월에 교토 로얄 호텔에서 제1회 동창회 전국대회를 개최했습니다(사진 G.H) 그 후 후쿠오카에서 제2회, 도쿄에서 제3회 전국동창회를 열어 옛 추억을 되새기고 있습니다.

　또 서로 근황을 알리고 명단 발행도 하고 있습니다. 물론 전임 사무국도 직원도 없고 자원봉사로 하고 있으며, 주소 불명의 회원도 꽤 있습니다. 교직원, 졸업생, 재학생의 근황에 대해 아시는 분이 계시면 아래 주소로 알려주시면 감사하겠습니다.

　　우604 교토시 주쿄(中京)구 미부신메이(壬生神明)정 ○○○

니시타니 히로시(西谷弘)(075-82-○○○○)

또한 51년[57]도(52년도 정오표 포함) 명부는 약간의 잔부가 있습니다. 희망하시는 분은 1,500엔과 함께, 아래 주소로 주문해 주십시오.

우560 오사카(大阪)부 도요나카(豊中)시 우에노(上野) ○○○

신 아쓰로(秦敦朗)

전주남공립중학교 (『전주부사』)

그라만 전투기 350과 국파된 산하

후나야마 사니오(船山参男)[58] 가나가와현(神奈川県)

1945년 8월 16일 아침…. 어제 옥음방송에서 일본이 무조건 항복을 했다는 것이 무엇인지 믿을 수 없는 기분으로 식탁으로 향하고 있었다. 갑자기 비행기의 폭음이 상공을 압박하여 놀라 마당으로 뛰쳐나온 내 눈에는 그저께까지만 해도 폭음만 들었을 뿐 그 모습을 볼 수도 없었던 그라만 전투기가 그야말로 전주 상공이 좁다는 듯이 우리들의 눈앞에서 날아다니고 있었다. 그 중 몇 대는 기타모토(北本) 저택으로부터 도립병원의 그라운드 상공을 조종사의 얼굴이 훤히 보일 정도로 초저공 비행을 시도하며 흰 손수건을 흔들며 날아갔다. 그때 처음으로 아, 이제 정말 전쟁에서 졌구나, 하는 실감이 나기 시작한 것이다. 다음 날 전북일보에는 그라만 전투기 350이 전주에 날아왔다고 보도했다. 그로부터 30여 년이 지난 지금도 이 아침의 일은 강력한 인상으로 내 뇌리에 선명하게 각인되어 있다.

당시 전주국민학교 5학년이던 우리는 종전 다음 날부터 학교도 못 가게 되어 시정자에서 일거에 패잔자로 전락한 것이었다. 어제까지만 해도 자신의 고향으로 여겼던 한반도가, 전주의 마을이 전쟁의 결과로 국경이 일본해의 한복판에 그어졌다는 사실을 어린 심신에 울며 겨자 먹기로 체험하게 된 것이다.

결국 우리는 전주에서 외지인으로 소년 시절을 보내고 내지로 피난 온 뒤로는 외지에서 돌아온 애물단지, 귀찮은 존재로 취급을 받아왔다. 당시 일본인에게 외지에서 몸뚱이 하나만 가지고 인양해 온 우리들은 틀림없는 애물단지였을 것이다. 왜냐하면 그들 자신도 자신들의 일로 벅찬 생활이었으니까…. 부모님의 고향인 동북쪽의 한 농촌에 정착한 나에게 있어 내지는 오히려 객지였다. 말은 잘 통하지 않고 자기들이 살 집도 없었다. 한창 자라는 아이에게 먹을 음식이 없는 생활이 얼마나 힘든지 경험해 보지 않고 말로는 도저히 알 수 없는 것이 있다고 생각한다. 먹을 것이 없어서 학교를 쉰 적도 한두 번이 아니었다. 이는 아버지가 전주에서 이미 타계해 어머니 혼자서 키웠다는 핸디캡이 있었던 것도 한 원인이었겠지만 일본 전체가 식량부족으로 시달리던 당시의 세태에서 어쩔 수 없는 결과였다. 당시를 돌아보며 잘 버텨냈다고 새삼스럽게도 노모에게 감사한 마음이 가득하다. 인양 당시 47세였던 어머니도 80세가 되셨다….

그런데 전주에서 인양한 것은 1945년 10월 25일이었던 것으로 기억한다. 철도원의 가족은 우선적으로 돌려보내기로 해 인양 1진이 되었다. 전주역 남쪽에 있던 철도관사 마당에서 가벼운 신체검사를 받고 현금은 한 사람에 1,000엔만 허용되어 어머니가 지갑에서 여분의 돈은 빼앗기는 것을 보고 자기가 일해서 모은 돈인데 왜 안 되냐고 난 어린아이였지만 담당자에게 강하게 항의했던 일이 생각난다. 전주에서 화물차에 실려 짐이나 다름없는 취급을 받으며, 당시 스무 살이었던 누나는 용변을 보는 데 어려움을 겪었던 일을 지금은 돌아가신 누나의 슬픈 잊히지 않는 추억으로 간직하고 있다. 가져갈 수 있는 물건이라면 최소한의 취사도구와 약간의 옷가지, 그리고 내 등에는 쌀 한 말이 등에 업혀 있었다. 남은 침구류와 가구들을 모두 한국인들에게 나누어 주었다.

그렇게 10월 25일 오후 4시경 전주역을 출발했다. 화원정이여 안녕, 전주여 안녕, 모두 눈물을 머금고 오랜 세월 살았던 전주를 떠났다. 다음 날인 26일 오후 열차는 부산항에 도착했는데 바로 승선이라고 한다. 모두 종종걸음을 재촉해 승선했다. 이때 나는 처음으로 푸른 바다라는 것을 보았다. 바다가 푸르다는 것은 알고 있었지만 본 적이 없었기 때문에 맑은 바다 속을 물고기가 헤엄치고 있는 것을 보고 감탄사를 내질렀던 것이다. 우리가 탄 화물선은 곧 출발했다. 부산에 있었던 것은 한 시간이 채 되지 않던 것으로 기억한다. 조용히 부두를 떠나는 배 갑판에서 바라보는 부산의 산과 거리…. 이 나라에서 태어나 이 나라에서 자랐다는 실감이 갑자기 가슴에 와닿아 어린아이 마음이지만 나도 모르

조선총독부가 발행한 우편엽서, 항구와 배, 상단에는 부산정거장여관이 그려져 있다.
(국립민속박물관)

게 눈물이 맺혀 버리는 것이었다….

현해탄은 거칠었다. 배가 파도와 파도의 골짜기로 들어가면 양쪽에 파도의 산이 있었다. 너울성 파도 정상에서 골짜기로 내려갈 때는 몸이 공간에 내팽개쳐지는 것처럼 여겨져, 가족 네 사람이 끈으로 단단히 묶어 바다에 빠지는 것을 막았다. 먹은 것은 다 토하고 아무것도 나오는 것이 없어지면 노란 위액이 나올 뿐이다…. 겨우 현해탄을 통과한 것은 이미 밤이 꽤 깊었을 무렵이었다. 그렇게 고통스럽기는 했지만 사고도 없이 다음 날 아침을 맞았다. 드디어 일본이 가까이서 보였을 때의 감격은 역시 잊을 수 없는 것이다. 가까이 보이는 본토의 가장자리에 덮인 산들…. "국파(国破)된 산하"라고 누군가가 말한 것이 인상에 남아 있다. 어느

덧 본토가 가까워져 야마구치(山口) 섬의 곳에 모인 십여 명의 사람들이 수건을 흔들며 맞이해 주었다. 이쪽도 필사적으로 감사를 연호했다. 사람의 마음이 이렇게 따뜻하게 느껴진 적은 없었고, 역시 동포구나, 일본인이구나 하고 기쁘게 생각했다….

배는 간몬(関門)해협으로 들어가 수로 안내선의 선도로 좁은 수로를 간다. 저쪽에도 이쪽에도 무수한 배가 배를 드러내거나 두 동강이 나거나 옆으로 쓰러진 채 끔찍한 모습을 보이고 있다. 본토에 와서야 전쟁의 피해라는 것을 처음으로 알았다. (이후 모지(門司)나 시모노세키(下関)의 잔해더미로 변한 마을을 보고 더욱 그 느낌은 깊어졌다….) 배는 목적지인 모지항에 입항해 닻을 내렸다. 저녁이 되서야 소독이 끝나고 DDT를 옷 속에 불어 넣어, 진백색이 되어 모지에 상륙의 첫걸음을 할 수 있었는데, 이렇게 무사히 일본 땅을 밟을 수 있었던 것은 우리가 남선의 전주에 살았기 때문이었다고 생각한다. 10월 27일 해질녘이었다.

모지의 헌병대 터의 넓은 건물에서 하룻밤을 보낸 우리들은 각자의 출신지로 향했는데 모지든 시모노세키든 완전히 잔해더미였던 것은 앞에서 쓴 대로이다. 시모노세키에서는 하마터면 어머니, 누이들과 헤어질 뻔했다. 호기심이 강한 나는 폭격의 흔적이 끔찍하다고 생각하며 걷고 있었다. 스스로는 서두른다고 생각해도 아이일 뿐이다. 등에는 쌀 한 말 그리고 작은 이삿짐 끈을 달아 당기고 있었다. 늦어지는 것은 당연할지도 모른다. 시모노세키역의 승강장을 달리는 열차에 겨우 올라타고 나서야 안심했다.

노모는 그때 일을 아직도 가끔 떠올리며 말한다. 그때 사니오가 못 탈까봐 정신이 없었다고…. 저기서 나 혼자 남겨졌다면 정말 어떻게 되었을까?

다음날 28일 아침 7시 히로시마 도착…. 유일하게 불탄 들판에 바라크 건물로 세워진 역사와 여기저기 띄엄띄엄 바라크가 세워져 있던 것이 선명하게 생각난다. 미국의 신형 폭탄으로 히로시마가 전멸한 것은 신문을 보고 알았지만, 이 정도일 줄은 몰랐기 때문에 멍하니 있는 사이 열차는 히로시마역을 떠나고 있었다…. 현재 히로시마는 쥬고쿠(中国) 지방 제1의 대도시로 군림하고 있지만, 당시의 불탄 들판을 이 눈으로 본 나로서는 믿을 수 없는 변모로 인간의 힘이란 무엇인가를 다시 한번 깨닫게 된다.

오사카역에서는 갑판까지 사람이 가득해 문을 열지도 못하고 있었는데, 승강장에 있던 남자가 격분해서 문 유리를 주먹으로 때려 부수고 미친 듯 소리를 지르고 난동을 부리고 있었다. 우리는 내지로 돌아가면 어떻게든 될 것이라고 생각하고 인양해 왔는데, 사람들의 마음이 이렇게 황폐해진 것을 알고 슬퍼하는 한편, 이것은 힘든 곳으로 돌아왔다는 일종의 긴장감을 갖게 된 것이다.

기나긴 열차 여행도 끝나갈 무렵 29일 아침에야 도쿄역에 도착했지만 처음 보는 일본의 수도는 상상할 수 없을 정도로 초토화되어 있었다. 그리고 만성적인 식량부족 와중에 있었다. 우에노(上野)역에서 내가 먹다 남긴 흰쌀밥에 어른 몇 명이 몰려들어 먹는 것을 보고 놀랐지만, 이윽고 흰쌀밥도 먹을 것도 없어 배고픔 때문에 학교를 쉬게 될 줄은 꿈에도 생각하지 못했다.

이렇게 해서 그날 밤, 즉 10월 29일 밤 8시경 미야기현(宮城県) 마루모리(丸森)라는 마을에 전주를 출발한지 닷새 만에 무사히 도착할 수 있었지만, 그 이후의 일은 언젠가 아이들을 위해 기록으로 남겨두고자 한다.

그 가증스럽고 무모한 태평양전쟁…. 우리는 그 귀중한 경험을 살려 전쟁의 비참함을 호소하고 다시는 그런 전쟁이 없는 사회를 만들기 위해 노력해야 하며, 그것이 우리에게 주어진 의무라고 생각한다.

전주시대 동창생을 만나고 싶다는 생각을 한 지 30년째인 지난 1975년 3월 21일…. 아사히신문에 내가 투고한 「종전 당시 전주국민학교 5학년에 재학하신 분 연락을….」라는 글이 게재된 그날부터 약 일주일간 우리 집 전화는 계속 울렸다. 전쟁 중 기차로 조선을 거쳐 만주에 간 사람, 군인으로 대전에 주둔했던 사람, 전주에 가본 적이 있는 사람 등등 여러 사람의 전화로 혼란스러웠다. 동급생만 한 것이 아니었다. 그리움에 나도 모르게 전화를 걸었어요. 라고 말하는 사람이 많았다. 그러나 그 덕분에 소꿉친구와 감격적인 재회를 할 수 있었다. 우리 모임도 생겼다. 전주소학교 39기생을 염두에 두고 전주39회라는 이름을 붙여 현재에 이르고 있다. 회원은 전국에 약 70여 명. 은사님들과도 재회할 수 있었고, 정말 이보다 더 기쁜 일은 없다. 아직도 꿈만 같다는 생각이 든다. 매년 한 번씩 대회를 개최하는 한편, 도쿄 인근 거주자들은 매달 한 번 정도 모여 골프를 치고 술을 마시며 즐거운 모임을 이어가고 있다. 작년 5월에는 전국에서 열한 명이 참가해 다시는 못 갈 줄 알았던 전주에 다녀왔다. 이번엔 하네다(羽田)에서 2시간 만에 서울로 날아가 서울에서 고속버스로 300km를 3시간 만에 그리던 전주 땅을 밟았다…. 전주국민학교 교정에서는 나도 모르게 눈물이 쏟아져 나와 어찌할 바를 몰랐다. 이 또한 전주회 및 전주39회 여러분의 열의와 노고를 지상을 빌려 깊이 감사드리며 지금보다 더 많은 협조와 격려를 부탁드린다. 또한 이 앨범의 발행을 기회로 삼아 서로의 연락을 더욱 돈독히 하여 옛정을 따뜻하게 하고, 앞으로의 인생에 격려와 위안을 얻을 수 있다면 더할 나위 없이 행복할 것이다.

붉은 기와 누인 2층 건물

사토 에이키치(斎藤栄吉)[59] 오이타현(大分県)

제가 전주소학교에 근무한 것은 1937년 4월부터 1939년 3월까지 2년간으로 그로부터 40년이 지났습니다.

꿈결 사이로 찾아온 고희(古稀)의 봄

젊은 청년 교사는 올해 칠십이 되어 전주의 추억이 어제 일처럼 눈앞에 떠오릅니다.

저는 1972년에 전주로 여행을 가서 모교를 방문한 적이 있는데, 그때 지은 단가로 모교를 추억하고 있습니다.

한국의 제자 나를 안내해
노송정 모교로 향하네

전주소학교 다음으로 근무한 정읍군 영원보통학교 제자가 전주고등학교(원래 북중) 교감으로 되어 있어서, 먼저 모교로 안내해 주었습니다.

붉은 기와 누인 2층 건물의 나의 모교
마루는 빛나는 거울 같아

지금도 청소 작업의 미풍(美風)은 그대로 이어져 마루청은 거울처럼 반짝였습니다.

너희 학적 서류 지금도
교장실에 보관하고 있어

1933년 전주소학교 교직원 일동 (전주회)

인양 후 사정은 완전히 바뀌었는데도 아직도 일본인의 학적부를 중요 서류로 교장실의 가장 귀중품 찬장에 소중히 보관하고 있는 것은 국경과 민족을 초월한 훌륭한 일이라고 생각했습니다.

　　이 책상 저 책상에 앉아 있는
　　어린아이의 모습 눈에 선하네

위층 동쪽에서 두 번째 교실로 들어가 교단에 서서 당시를 회상했습니다.

3부

시의 도시, 물의 도시, 숲의 도시

수양단과 라디오 실험

나가이 소로쿠(永井総六)[60] 후쿠시마현(福島県)

결혼한 지 얼마 안 된 젊은 아내가 이런 산골에서 살면 가엾다고 전주전매지국의 판매계 주임인 이즈노(伊津野) 씨가 원주(강원도)에 출장 왔을 때의 이야기로 전주에 불러 준 것이 1923년의 2월. 서무과장은 나카네 노리(中根範) 씨로 본사 근무 때는 비서 주임으로, 그의 부하로 근무하고 있던 관계도 있어, 실로 좋은 형편. 그리고 그 후 간청으로 전주연초판매의 지배인이 된 것이 27살 무렵이었을 것이다. 그 회사는 대정정 2정목의 마루야마(丸山)포목점과 스야마(陶山)생선가게 앞, 다마루(田丸)서점 옆으로 인근에는 아와야(阿波屋, 粟屋?)양품점, 즈보라당(ズボラ堂)이라는 과자점, 모퉁이에는 가세(加瀬)주점과 박다옥(博多屋) 등이 있어 2년 반 남짓 신세를 진 그리운 땅. 추억은 많이 있지만 두세 개 꼽아보기로 한다.

그 무렵 수양단(修養団)⁶¹⁾이라는 것이 있어서 이스미(亥角)⁶²⁾도 지사가 선두에 서서 흰 셔츠에 흰 머리띠를 하고 아침 5시경 요이사(ヨイサ), 요이사를 외치며 대정정을 수십 명이 빠르게 달려 지나간다. 나도 넣어달라고 해서 다 같이 뛰어다녔다. 이초오여관(銀杏屋) 여관 옆에서 다가교를 건너 다가정으로 들어가 산의 비탈길을 올랐다. 산 위에는 전주신사가 있어 앞마당의 광장을 요이사(ヨイッサ)를 외치며 몇 번 돌고, 도이 죠스케(土井長助) 씨의 구령으로 수양단의 규칙 같은 어쩌고 하는 책을 다 같이 제창하고, 또 요이사(ヨイッサ)를 외치며 돌아갔다. 이스미 씨나 도이 씨와 친해진 것도 이 수양단 때문인데, 덕분에 건강해져 오늘날 이렇게 살아가고 있는 것도, 이 덕분일지도 모른다.

다가정에 장(長) 씨라는 특이한 의사가 있었다. 그의 딸(전주소 3학년인가 4학년인가)이 유괴되어 행방불명이 되어 거리는 발칵 뒤집혔다. 경찰은 물론 소방단, 현인회(県人会), 반상회(町内会) 등에서 찾았다. 오리무중. 산행도 했다. 며칠 만에 산에서 타살 시체가 되어 발견되었다. 나도 장례식에 갔다. 경찰에서는 혈안이 되어 범인 수사에 수십 일이나 걸렸다. 형사가 장 씨 뒤쪽 2층이 선생님의 조카의 방이고 조카도 수사에 협조하고 있었기 때문에, 그 2층에서 골똘히 있을 때 석양이 지면서, 걸려 있던 조카의 망토에 머리카락 한 가닥이 빛나 보였다. 형사는 모자를 쓰자마자 육감이라는 것인가 하는 느낌이 들었다. 그 조카는 구금되어 마침내 실토를 하게 된 것이다.

삼촌과 조카, 무슨 재산상의 일이나 사업상의 얽힌 일로 인한 앙금이 있었던 모양이다. 사건은 해결됐지만, 장 선생님은 얼마 지나지 않아 일본으로 귀국(引揚)하고 말았다. 빨간 코끈 나막신을 신은 선생님이었다.

마쓰나미 지카이(松波千海) 사장의 전북일보라는 도내 신문이 있었다. (지금도 있다.) 라디오라는 것이 처음 생겨났을 무렵, 1924년이나 1925년 무렵이었을 것이다. 우체국 남쪽에 아시다테(芦立) 씨가 살던 전주공회당이라는 곳이 있는데, 거기서 라디오의 실험을 해 보인다는 것이었다. 전북일보사 2층에 발신 장치를 설치하고 이 공회당에서 수신해 보이겠다는 것이었다. 입장료는 1인당 50전, 아내와 둘이서 가 보았다. 200~300명이 들어 있었다. 전화로 회의를 하면서 본방송인 라디오 방송이 되는데, 잡음뿐이라 좀처럼 들리지 않았지만, 때때로 토막토막 말 같은 것이

1940년경 전주신사 앞의 라디오 체조 풍경 (『전주부사』)

들린다. 「에이, 선 없이 말이 들리냐」며 기상천외한 문화. 그러다가 「이상해, 이상한 소리가 났네」, 「소리가 아니야, 사람의 목소리야」라며 한창 전화로 대화하고 있다. 아무래도 이상하다는 결론을 내리고 산회.

이튿날 아침 전북일보에는 5단짜리 초호 활자로 「도쿄의 JOAK 발신을 우리 회사가 수신했다.」고 크게 보도되었다.

50여 년 전 일본의 전파는 이랬다.

전주의 겨울

아리마쓰 시게키(有松茂喜)[63] 이바라키현(茨城県)

1917년, 대정정 1정목에서 이 세상에 태어나, 1938년 현역 입대까지와 1942년 소집해제 후 약 1년간 전주에서 살았지만(종전 때는 부모의 허락을 받고 북선의 평양에 부부로 살고 있었습니다.) 어릴 적, 학창 시절, 가업인 과자점을 돕던 시절의 일이 그립게 생각납니다.

지금은 1월이 추운 계절이지만 겨울이 되면 생각나는 것은 거리에서 스케이트를 타는 것입니다. 쇼와(昭和) 시대 초에는 전주의 겨울도 매우 추웠고, 대정정 거리도 밤에는 녹은 눈도 꽁꽁 얼어붙어 지금과 달리 차도 거의 없고 사람도 다니지 않아 스케이트로 1정목에서 3정목까지의 큰길을 스스럼없이 미끄럼을 타고 다녔습니다. 또 겨울밤에는 건너편 쪽의 가세(加瀬)주점 옆의 전신주 옆에 군밤 포장마차가 나와 있어, 한 번 미끄러진 후에는 갓

구운 밤을 자주 먹곤 했습니다. 전주천도 다가대교에서 아래쪽 둑까지 얼어붙어 일요일이면 아침부터 저녁까지 미끄럼을 타며 놀았습니다. 어렸을 때는 굉장히 큰 강으로 생각했는데요…. 군대에 갈 때는 전주의 겨울도 따뜻했는지 거리도 강도 연못도 미끄럼을 탄 기억이 없습니다.

그 외 학교에서 불량 학생 시절의 일, 가을에 검은 버섯 따기, 전주천에서 어병으로 물고기 잡기, 덕진 운동회 등 여러 가지 추억이 있지만, 역시 어린 시절의 스케이트 타던 때가 가장 생각납니다.

두서없는 글을 썼습니다만, 가능하면 제가 태어나고 자란 마을을 꼭 한번 방문하고 싶습니다.

마지막으로 25주년 기념대회의 성공을 기원합니다.

일제강점기 군밤 파는 아이의 모습 (국립민속박물관)

전주부인회의 엄마

모리 미사오(毛利 みさを) 도쿄(東京都)

 따뜻한 겨울이라 그런지 따뜻한 날이 계속되고 있습니다. 오랜만에 인사 말씀드려서 죄송합니다. 1973년에 한 번, 전주회에 참석해서 대단히 송구스럽게 생각하고 있습니다.
 창립 25주년을 맞이하신 것을 축하드립니다. 회장님을 비롯한 임원분들의 남다른 노력 덕분이라고 생각합니다. 기념 앨범을 출판하시다니 전주 시절의 오래된 사진이 있어서 보여드리겠습니다. 「우리 엄마다」, 「나의 어머니다」라고 생각하시는 분들도 계실 것 같습니다. 보내드립니다.
 큰 쪽은 1930년 무렵 전주 유력인사의 부인 모임이었던 것 같습니다. 중앙의 부인이 와타나베(渡辺) 지사의 부인이고, 왼쪽이 내무부장의 부인이라고 생각합니다만, 틀렸다면 실례했습니다. 마루야마(丸山)포목점의 부인, 오우치(大内)보통학교장의 부인의 얼굴도 볼 수 있습니다. 모리야마 노보루(守山昇) 님의 어머니도 오른쪽 앞에서 두 번째에 찍혀 있습니다.

그리고 모리야마(守山) 님의 정원에서 찍은 사진도 보여드리겠습니다. 큰 돌 앞에 계신 분이 저희 어머니입니다. 노리코(知子) 씨의 부인 등이 있습니다. 다른 한 장은 어느 집에서 찍은 것인지 모르겠습니다. 앞줄의 왼쪽에서 두 번째가 어머니이고, 다음 부인은 센다(千田) 과장의 부인이라고 생각합니다. 다음 부인은 성함을 깜박 잊었습니다.

아버지는 당시 전주도청의 무과(務課)에 근무하고 있었으며, 시가현(滋賀県)의 요코야마 다쓰오(横山辰雄) 님, 모리야마 노보루 님과 함께 계셨습니다. 앨범에 올려주세요.

1930년경 전주 부인회 (전주회)

악동 시절의 버섯 따기

고야마 도시히데(小山利英)[64] 시즈오카현(静岡県)

    일본에서의 버섯의 명산지가 동북 지방인 것처럼 전주 지방도 기후 풍토상 버섯의 명산지였다고 생각합니다.
    조선에서 송이버섯을 실어 나르는 물량이 일본 내 버섯 시세를 좌우하는 것을 보면 조선이 버섯의 명산지임을 알 수 있습니다.
    새벽녘까지 촉촉이 내린 비가 말끔히 그친, 맑은 가을 하늘은 절호의 버섯 따기 좋은 날씨입니다. 소년 시절의 저는 전주 근교의 산이라고 하는 산 전부라고 해도 좋을 정도로 돌아다녔습니다. 버섯 따기는 저의 소년기의 추억 중 가슴이 아플 정도로 그리운 추억으로 남아 있습니다.
    비가 갠 뒤의 땅을 밟으며 송이버섯이 나는 비밀의 소나무 숲으로 설레며 서둘러 갔던 일, 메리켄(メリケン)[65] 가루 한 봉지 분량의 검은 버섯을 따는 데 5, 6분이 걸렸는데, 군생지에는 송이

버섯, 나팔버섯, 새송이버섯, 검은버섯, 고이버섯(こう茸), 쥐버섯 등 셀 수 없을 정도로 다양했습니다. 소년 시절의 나는, 버섯 따기의 프로라고 자부하고 있었지요!! 그 대신 공부 쪽은 형편없었습니다만, 노년에 접어든 요즈음 내 고향이 내지일까? 어릴 적 추억도 친구도 전혀 없는 내지를 고향이라고 할 수 있을까? 우리는 메이지 말 무렵 아버지의 선견지명으로 친척들이 모두 전주로 이주하여 기와를 만들기 시작했습니다.

초가지붕만 있던 조선도 이제 곧 모두 기와지붕이 될 거라고!!! 하지만 초창기 기와 만들기는 계속 실패해서 아버지가 고생했던 것을 기억하고 있습니다.

현 한국전통문화전당 부근에서 출토된 1329년경의 기와 (『전주부사』)

두세 살 때의 기억은 희미하지만, 다섯, 여섯 살부터 소년기 악동 시절의 놀이 친구나 싸움 상대는 주로 조선인 아이들이었습니다. 그런 악동인 저에게 보여 주셨던 인자한 아버지(アボチ)와 어머니(オモニ)의 온순한 얼굴이 지금도 아련히 떠오릅니다.

해마다 가을은 돌아오고 또 떠나갑니다. 문득 전주에 가볼까 하는 생각이 있는데, 인구 30만 가까이로 발전했다는 전주에서 그리운 산이나 강 등이 예전 그대로여도 살았을 때 사람들을 만날 가능성은 있을까? 라는 생각에 좀처럼 건널 수 없습니다. 멀리서 그리워하는 것이 고향이라 생각하는 것도 나이 탓일지도 모릅니다.

그리운 전주의 무궁한 발전과 조선 사람들의 행복을 기원하며 펜을 내려놓습니다.

1945년 늦가을 미군 트럭에 실려

스야마 후지오(陶山不二男)[66] 도쿄(東京都)

이번 제25회 대회는 고 구라하라(倉原) 간사장이 열심히 고심했던 사업 중 하나입니다. 이제 막 열려, 만반의 준비가 끝났지만, 뜻있는 여러분들의 헌신적인 노력으로 개최하게 된 것은 회원 여러분 모두의 기쁨이라고 생각합니다.

향토애라고 할까, 그리운 나머지 몇 번이나 전주 방면으로 여행을 다녀와 옛정에 감격한 사람도 많습니다. 저도 꼭 가보고 싶은 마음입니다. 그것은 태어난 곳 자란 곳일 뿐만 아니라, 그 땅, 마을, 강이나 산이 일종의 독특한 매력이 있고, 게다가 부모 형제와 많은 선인이 잠들어 있는 곳이기도 합니다.

아름다웠던 옛날의 전주천, 오목대, 완산의 산줄기, 무슨 일이든 참배하러 간 다가정의 전주신사, 멀리는 주먹밥을 가지고 간 남고산, 연꽃이 피는 덕진연못 등 그 밖에도 학원도시로서도 잘

갖추어진 작은 교토 같은 마을이었습니다.

도청, 부청, 법원, 도립병원 등도 있었습니다. 지금 일흔이 넘어서 생각나면 어린 친구들, 술친구들, 신세 진 사람들이 생각납니다. 정말 감개무량합니다.

지난 1945년 늦가을을 마지막으로 미군 트럭에 어린아이 일곱 명과 함께 이웃과 희비가 엇갈리는 마음으로 전주역을 떠났습니다. 일본 내지의 상태도 모른 채, 놈(やつ)이 왔습니다. 30년이 넘었지만, 인양자들은 한결같이 패전 일본의 한구석에서 아련하고 그리운 마음으로 살아가기 시작했습니다. 파도나 바람에 조금의 스스럼없이 지내신 분은 거의 없고, 그 생활은 남에게 말할 수 없는 일들로 이리저리 떠돌아다니다가 겨우 여기에 이르러 안도의 한숨 돌린 지금, 소망의 웃는 얼굴의 모임이 생긴 것은 더할 나위 없는 기쁨입니다.

1946년경 미군트럭 (국립민속박물관)

사토(佐藤) 회장, 구로다(黒田), 고미야(古宮), 후나야마(船山), 오가와(小川), 그 외 구라하라 부인, 각 위원의 노력으로 추억의 앨범도 만들 수 있었지만, 회원의 찬조금이 무엇보다 큰 도움이 되었습니다. 회계로서 깊이 감사드립니다.

자, 전주회가 앞으로도 계속되기 위해서는 어떻게든 젊어져야 합니다. 이에 전주소학교, 중학교, 전주고녀교의 동창회(世話人会) 분들께 부탁드리며 좋은 방안을 알려주셨으면 합니다.

전주를 추억하는 모임의 앞날을 생각하며, 몇 자 적어 올립니다.

광활하고 비옥한 문화의 도시

사토 준이치(佐藤準一) 도쿄(東京都)

조선 거주 시절에 메모한 기록을 바탕으로 우리 전라북도의 과거를 다시 돌아보고 싶다.

1. 연혁

고대에는 마한의 영토였으나 삼국시대에 백제의 영토로 그 행정구역은 101개의 주, 군, 현이 설치되어 있었다. 신라가 삼국을 통일하였으나 서기 935년 고려에 멸망 당한 듯하다. 고려는 이곳에 안남도호부를 두고 995년에 강남도라 명명하였다가, 1018년에는 다시 안남도호부라 개칭하고 지사(당시는 牧이라 칭하고 있었다)를 전주(全州)에 두면서 같은 해 전라도로 개칭했다. 이조 시대에는 그 명칭도 전남도, 전광도로 칭해지기도 하였으나 전라도가 남·북으로 분리되면서 오늘날의 「전라북도」가 확립된 것은 1895년이다.

  1910년 한일합병이 있었고, 그 4년 후(1914년) 3월 부(府), 군(群)의 합병이 있고, 충남의 어청도, 전남의 고군산군도가 각각 전라북도에 편입되어 1부 14군이 되었다가 1935년 전[67] 주읍이, 또 1947년 이리읍이 「부」로 승격되었다. 1949년에 부(府)는 시(市)로 개칭되었고, 1963년 1월에 금산군과 익산군의 황화면이 충청남도로 옮겨지는 한편, 전라남도 위도면이 본도에 편입되어 있으므로, 우리가 거주하던 당시와 오늘날은 약간 행정구역에서 다른 듯하다.

  전라북도는 동경 125도 58분~127도 54분 북위 36도 10분~36도 16분에 위치하고 있다. 한국의 곡창지대로 불리는 호남평야는 주로 이리, 김제, 정읍을 중심으로 펼쳐져 있는데, 이 평야는 동부 산악지대에서 발원하여 황해로 흘러드는 금강, 만경강, 동진강 등에 의해 윤택한 수자원을 공급받고 있다. 해안선은 지반침식 때문인지 복잡하여 군산반도, 변산반도 등의 돌출부와 부안만, 줄포만과 같이 수심이 얕은 데다 간조의 차가 심하지만 좋은 해수욕장이었던 것으로 기억한다(단, 해수는 황해 특유의 황색).

2. 명승 고적의 추억

  광활하고 비옥한 농지가 풍부하고 온난한 기후 덕분인지 학술, 예술, 문화가 오래전부터 발달한 관계로 고적, 명승지도 많다.[68] 그러나 전라북도의 모든 것을 알고 있는 것은 아니니, 그 일부만 소개하는 것에 양해를 구한다.

풍남문 : 전주에는 네 개의 석성이 있었다고 하는데, 풍남문은 현존하는 유일한 문이다. 고려 말에 건립되어 이조 시대에 들어서면서부터 도요토미 히데요시에 의해 파괴되었다가 1768년에 수축된 것이다. 이 사적을 따라「풍남소학교」가 창립됐다.

경기전 : 이조(1392~1907) 태조의 위패가 모셔져 있는 곳으로 태종 10년에 건립되어 전주에서 가장 오래된 건물이다(현재는 박물관으로 운영되고 있다).

한벽루 : 이조 태조 때 중의(重医) 최월당(崔月塘)[69]의 별장으로 건립되어 다가천 제방을 휘젓는 벚꽃길은「꽃놀이」기를 비롯해 추억이 많이 깃든 곳으로 풍남문과 함께「전주팔경」의 하나였다.

송광사 : 신라 말기에 창건된 절로 규모가 웅대할 뿐만 아니라 10여 채의 불당 중에도「아(亜)」자 모양의 종루와 천왕문의 사천왕 등은 지금도 눈에 생생하다.

광한루와 춘향묘 : 남원읍에 소재한 이 누각은 이조 세종 때 전북 출신의 황희 정승이 세워 광통루(広通楼)로 명명되었는데, 이후 전라관찰사(全羅監察使)[70]가 이를 보고 월궁(月宮)의 광한청허부(広寒清虚府)를 닮았다고 하여「광한루」라는 명칭으로 바꾸었다고 한다. 고전 명작「춘향전」에서 이몽룡과 성춘향의 사랑이 이곳에서 맺어져, 당시 신혼부부나 풍류객들이 찾던 누각 앞에는 요천(蓼川)의 맑은 물을 끌어들여 호수를 만들고, 호수 한가운데 서쪽에는 오작교를 놓았다고 한다. 이 다리는 아치식으로 쌓은 석루

일제강점기 광한루 (국립민속박물관)

로 교각의 홍예형의 네 그림자가 호수면에 비쳐 한층 돋보인다. 호수 한가운데 동해 해저에 있다는 삼신산을 상징한 방장, 봉래 등의 축산이 있고 방장산 정상에 정자가 서 있었던 것이 인상적 이다. 광한루 한쪽에 있는 사당은 「춘향전」의 주인공 성춘향을 모 신 것으로 1931년에 건립된 것이다.

그밖에 방문한 적은 없지만 내 메모에는 「호남의 금강산」이라 칭해지는 「내장산」 백제 무왕 때(637년)의 「내장사」(한국동란 때 소실 되었다고 전해짐) 「선운사」(고창군) 신라 선덕여왕(633년)에 건립된 부 안군 변산반도(辺半島)의 「내소사」 백제 29대(599년)에 창건된 김제 군의 「금산사」 진안군의 「마이산」 등이 유명하다.

광활하고 비옥한 문화의 도시 **139**

3. 음악과 무용

조선에 살았던 사람들이 잊을 수 없는 것 중에 한국 고유의 전통 음악과 무용이 있다. 이것은 아악과 민속으로 나뉘는데, 오늘날에는 국가기관이 그 보존을 육성하고 있다고 들었다. 음치에 가까운 나조차도 현악기인 「가야금」 소리는 지극히 애수적이며 「도라지」「아리랑」 민요와 함께 마음에 남아 있다. 또 「기생(キーセン)」의 춤 정도의 지식밖에 없지만, 1964년 도쿄에서, 아오야마 요시오(青山圭男)가 구성 연출한 무용극 「자명고(自鳴鼓)」는 유럽의 오페라와 우열을 가늠할 수 없는 만큼 감탄한 작품이다.

4. 풍속

고대 중국의 사가(史者)[71]에 의하면 한민족은 퉁구스족의 한 분파로 여겨지며, 언어는 알타이어에 속해 있으므로 몽고, 만주, 일본과 같은 계통으로 볼 수 있을 것이다. 그러나 한민족의 기원 즉 조상이 언제, 어디서 와서 반도에 살게 되었는지 그 증거가 확실하지 않다. 다만 간석기나 토기를 사용한 신석기시대에 반도에 거주자가 있었음은 역사상 분명하다. 이 시대 한민족의 조상은 시베리아, 화북, 몽고, 만주 방면에서 바다나 하천을 따라 이주한 것으로 생각한다. 이 이주가 오랜 세월에 걸쳐 반복됨으로써 대륙의 새로운 문화가 들어와 고조선의 그것과 융합하여 지방적 특색이 있는 풍속이 토착한 것으로 보인다. 따라서 습속적으로는 대륙형과 매우 유사한 것도 있지만(예, 정조다례, 세배 등) 한국 특유의 것이 많다.

널(跳板) : 주로 여자의 설날 유희로 길이 7척, 폭 2척 정도의 널빤지를 멍석이나 가마니 위에 시소처럼 놓고 양쪽 끝에 한 명씩 서서 번갈아 양발로 널빤지를 찬 반동을 이용하여 뛰어오른다. 이 널은 고대부터 민간에서 행해진 유희로, 여자를 억압했던 이조 시대의 유교 사상조차 폐지할 수 없었다고 한다.

약식 : 찹쌀을 주재료로 하여 밤, 대추, 잣, 벌꿀 등을 혼합하여 찐 것이다. 발상은 신라 21대 당시라고 하는데 독특한 풍미가 있고 영양가가 높았던 것으로 기억된다. 이와 유사한 음식으로 「약주」가 있는데 「이명주(耳明酒)」라고도 하며 새해 첫날에는 꼭 먹는 습관이 있다.

※ 기타 : 「조선궁(弓)」 농촌 특유의 「놋다리밟기」, 「연날리기」, 「지신밟기」 외에도 조선 특유의 관혼상제가 인상적이었다.

꿈만 같았던 전주 여행

오가와 요시미쓰(小川義光)[72] 도쿄(東京都)

우리 형제는 전주에서 태어나 소학교, 군대, 결혼, 종전, 그리고 내지 인양 때까지 지냈다. 그리운 전주, 지금은 없는 부모님에게도 일생 중 가장 추억이 깊은 제2의 고향이었다. 아버지 오가와 신사쿠(小川新作)는 1907년경 조선으로 건너가 각지를 전전하다가 풍토 기후와 더불어 살기 좋은 전주에 정착하셨다는 이야기를 어린 시절에 들었다. 아버지의 형제들은 모두 목수들로 전주의 오래된 건물 건축에는 거의 관여한 것으로 알고 있다. 또한 소방단에도 수년간 봉공하여, 불이 나면 일을 내던지고 화재 현장으로 급행했다. 아버지와 삼촌의 모습이 전주의 마을과 함

일제강점기 전라북도 소방서의 소방차와 소방관 (국립민속박물관)

께 떠오른다.

내가 소학교에 입학했을 때 신체검사가 있어서 여선생님이 키를 재서 「1미터입니다」라고 하셨다. 미터법을 모르는 어머니는, 1미터는 3척 3촌이라고 선생님에게 들었다. 지금도 1미터의 치수를 들으면, 소학교 입학 당시의 모습이 떠오른다. 지금도 간직하고 있는 한 장의 사진으로, 학교에서 돌아오는 길에 공회당 옆에 있는 마쓰나미(松波)사진관에서 어머니와 함께 찍은 사진이다.

1학년의 담당은 하마모토(浜本) 선생님, 교장 선생님은 이노우에(井上) 선생님이었다. 하마모토 선생님은 학교 행사의 창가, 기미가요 등의 합창 때는 지휘봉을 흔들고 계셨다. 1972년 5월, 전주소학교 당시의 동급생을 도쿄의 전주회에서 만났다. 이토(伊藤), 나이키(内記), 마쓰모토(松本), 오가와(小川) 등 전주에서의 청소년 시절의 이야기로 회포를 풀었다.

2학년 때는 사범학교를 나오신 젊은 마쓰오카(松岡) 선생님이셨다. 당시 전주의 소학교에서는 전염병 창홍열이 유행했다. 환자가 자주 발생하는 우리 반 사람들은 그때마다 교과서와 착용 옷, 가방 등을 교실에서 포르말린으로 소독하고, 반은 일주일간 쉬는 날이었다. 우리는 기뻐하며 놀고 있었지만, 담당하는 마쓰오카 선생님은 자택에 희망 학생을 모아 놓고 복습을 할 정도로 교육열이 높은 선생님으로, 6학년 졸업까지 담임선생을 하셨다. 근처에 동급생 여자아이로, 기가(気賀) 씨(키꺽다리) 집 앞에 야스타케(安武) 씨와 매일 얼굴은 마주쳤지만, 우리가 악동이라서 가끔 이야기를 나눈 정도였다. 잘 지내고 있을까?

　고등과 1학년의 담당은 아베(阿部) 선생님이었다. 요시다(吉田) 교장 선생님은 반 친구들에게, 아베 선생님은 너희들에게는 '아까운 선생님이다' 중학교 교원의 자격이 있는 선생님이다, '제대로 공부하라'고 말씀하셨고, 만주사변이 일어나자, 우리에게 병사의 고생담과 오목대에서 전쟁 훈련을 하는 등, 심신을 단련시키고, 은근히 성인 교육도 지도해 준, 추억의 선생님이었다.

　고등과 2학년의 담임은 오타니(大谷) 선생님이었다. 야구가 성행했다. 우리 악동들도 야구만은 빼놓지 않고 열심히 했다. 추억의 경기는 전라남도 목포공설그랜드에서 군산, 목포, 전주와 리그전을 한 것으로, 이때는 학교 전체가 응원해 주셨다. 오타니 선생님의 교육은 스파르타식으로? … 열심히 했지만, 저와 같은 악동들이 반에 많아서, 당시의 일을 생각하면, 선생님의 일도 힘든 일이었다고 생각한다.

　고등과를 무사히 졸업했다. 우리 동급생도 가업에 힘썼다. 이토 군이 야채 가게, 나이키 군이 목재상, 사사하라(笹原) 군이 나막신 가게, 우치노(内野) 군이 운전 견습, 쓰루쿠(鶴久) 군이 가구점, 오가와는 건축업을 하며 자주 마을에서 만났다.「잘 지내냐」「잘하고 있느냐」라고 서로 격려했다. 지나사변도 일어나고 전쟁터는 오지(奥地)로 번져갔다.

　1938년 징병검사, 나와 가업을 잇는 친구들도 전원이 갑종 합격으로 입대가 결정되었다. 가업도 중요했지만, 체력 단련에도 전념했다. 군인 칙론을 외우거나 밤에는 무덕전에서 검도를 배우거나 우리가 밤낮으로 노력하는 것과 반대로 전주의 일본인 노포(老舖)들이 덧문을 다는 경우가 눈에 띄게 많아

센닌바리 千人針 (『전주부사』)

졌다. 조선 사람들이 뒤를 이어 장사하는 것을 많이 볼 수 있었다. 전주에는 지나인 노동자들이 많이 있었는데 목수, 창호, 석공 장인의 모습이 이때부터 보이지 않게 되었고, 학교 시절 자주 먹으러 갔던 경찰서 앞 지나인의 빵집도 어느새 문을 닫았다.

전주에서 전쟁터로 출발

1939년 3월, 입영을 위해 전주역을 출발했다. 수천 명의 일본인과 한국인이 환호하며 배웅하던 전주역 앞의 감격이 아직도 눈에 선하다.

전쟁터와 전주

화북, 만주, 화남, 프랑스령 인도차이나, 화중, 말레이, 뉴기니 순서로 각지를 전전하였다. 그사이 전주분들의 정성 어린 위문주머니, 위문편지를 수없이 받았다.

외지에서 전주 출신 다나카(田中) 군과의 재회

1939년 10월, 노몬한 정전[73] 후, 뤼순에 집결. 뤼순, 수사영(水師營)[74] 내의 도로에서 통신대 훈련 중, 1대의 대형 여객 버스가 통과. 50미터 정도 나아가 정지해 운전사가 구보로 왔고, 오가와 군이 아닌가, 전주 남문 약방의 다나카야, 라고 말을 걸었다. 반장의 허락으로 이야기를 할 수 있었다. 11월에는 전주로 돌아간다고 말해서, 전주에 가면 내가 잘 지내고 있다고 전해 달라고 부탁하였다. 훗날 전주의 부모에게서 다나카 군이 찾아와서, 너의 건강을 알려주었다「는」편지를 받았다. 이 무렵은 화남에 상륙해, 프랑스령 인도차이나 작전 준비 중이었을 것 같다.

전주 출신 야스오(安尾) 군 전사

1940년 9월 프랑스령 인도차이나 국경에서 통신선 점검 중 중기관총을 후송하고 있는 전주 출신의 야스오 군(좌관직, 전주소학교 2년 후배)을 발견하였다. 야스오 군이 아닌가, 건강하게 지내라고 말하고 헤어졌다. 프랑스령 인도차이나 작전 마지막 예비부대는 화중 상하이 부근으로 이동했다. 야스오 군과는 가까이 있어 자주 이야기하러 갔다.

1941년 3월경까지는 육지와 바다, 상하이, 오송(吳松) 부근을 중심으로 맹렬한 상륙 훈련을 했다(대동아전쟁 준비 훈련). 3월 23일, 갑자기 육해군 연합 상륙작전(呂号) 대연습 참가를 위해, 주산(舟山) 열도 부근에 집결. 심야에 규슈 나가사키현의 지지와(千

夕石) 해안에 일제 상륙해 3일간 내지 부대와 함께 훈련을 했다. 통신대 일로 야스오 군의 부대에도 종종 출입했다. 서로 전주의 부모들이 설마 규슈에 훈련하러 온 줄은 모를 것이라고 했다. 오랜만에 보는 일본은 벚꽃이 만개해 있었다. 훈련이 끝난 후 부대는 사세보(佐世保), 아리타(有田), 이마리(伊万里)에서 즐거운 숙박을 했다.

부대는 차기 작전을 위해 당진(唐津)항을 출범, 중국 중부 온주(温州) 부근의 적 앞에 상륙을 감행했다. 야스오 군 등의 부대도 참가하였다. 4월 23일의 야간 ○○소대 서두 부근에서 고전 중이라는 연락이 들어왔다. ○○소대는 야스오 군의 소대다. 우리 통신반과 4킬로도 떨어져 있지 않다. 급히 지원을 갔지만 적이 날이 밝자마자 철수했지만, 거기에는 소대장 이하 전원 전사한 상태였다. 바로 전주 집에 야스오 군 등이 전사했음을 알렸다.

전 전주고등보통학교 배속장교

말레이 작전 중에 공병연대장 요코야마(横山) 대좌을 자주 보았다. 전 전주고등보통학교의 배속 장교였다. 집은 대정정 1정목, 전북일보사의 옆에 있는 구보타(久保田) 님의 집을 사용하고 있었다. 구보타 님의 집에는 건축 일로 자주 갔다. 저녁이나 일요일 등에는 일하는 내게, 너는 잘 지내고 있구나, 라고 말을 건넨 적도 있었다.

말레이 작전은 적측에 의한 도로, 다리의 파괴가 많아 중화기,

차량의 전진이 막혔지만, 요코야마(橫山) 공병대가 사람의 힘이라고 믿기지 않을 건투를 보여, 위훈을 세우고, 전공의 영광을 누렸다. 1943년 2월 요코야마(橫山) 공병 부대는 동부 뉴기니로 전전, 혈전 고투로, 전멸에 가까운 피해를 입었다.

야전에서 전주로 귀환 … 종전

1943년 2월, 뉴기니에서 부상. 남방의 여러 병원을 전전하다 차례로 병원선을 타고 일본으로 후송됐다. 약 10개월 요양의 보람이 있어, 1944년 5월, 현역 만기로 제대, 히로시마에서 전주로 돌아갔다. 아버지가 역에서 전쟁터에서 무사히 귀환할 수 있었던 것은 전주신사의 무운장구(武運長久)의 가호 때문이라며 전주의 새로운 신사에 참배하고, 귀환 보고를 마치고 고사정의 우리 집에 정착했다.

전황은 날이 갈수록 패색이 짙어졌다. 가업인 건축업과 병사부 관련으로 조선인의 입영 전 교육에서 구라하라(倉原) 씨, 아다치(足立) 씨, 나이키(內記) 씨 등과 함께 분주한 하루하루를 보냈다. 1945년[75] 7월 전주(全州)에서 결혼하였다. 물자가 부족할 때였다.

1945년 8월 15일 종전. 2~3일 전부터 동맹통신의 친구가 이상한 뉴스를 감청했다고 이야기하였지만, 현실이 되었다. 매일매일 상황이 바뀌어서 힘들었다. 인양이냐, 전주에 잔류냐, 방침이 정해지지 않아 갈팡질팡했다. 미군이 전주에 진주하면서 일본인의 총인양이 확인되었다. 11월에 들어서 인양자 확정일이 결정되었다. 미군 창고에 맡긴 잔여 짐, 일본으로 돌아갈 때의 휴대할 짐을 구분하고, 준비하느라 힘들었다. 인양이 결정되면서 지금까지 교제해 온 조선인 자경단의 태도가 오만해졌다. 집에 무단으로 올라가서 당신은 일본에서 올 때는 수하물 하나로 전주에 오셨다. 이제 일본에 돌아갈 때는 손에 쥘 수 있는 만큼 가져가십시오. 남은 물건은 한국의 재산입니다. 라며 집 안의 물건을 보고 돌아간 적도 있었다. 나는 한국인의 질타와 개개인의 친절을 뼈저리게 느끼고 있었다. 지금은 이런 이별을 하지만 반드시 평화의 때가 온다. 그때는 전주를 꼭 방문하겠다고 결심했다.

1945년 11월 20일 인양 열차로 전주를 출발했다. 예전 직공들이 많이 배웅하러 와줬다. 고마워요, 건강하고, 전주여 안녕이라고 화물열차에서 손을 흔들며 헤어졌다.

한일 양국이 정식으로 국교가 재개되어 도항이 자유로워졌다. 당장 나는 전주에 가보고 싶어서 도쿄, 요코하마의 한국 거류민단을 방문해 전주의 근황이나 전주 출신의 한국인이 오지 않았는지를 묻기도 했다.

1972년 8월 15일을 한국 여행의 출발 목표일로 정하고 도항 수속 준비에 착수했고, 전주회의 구라하라 씨에게도 일련의 상담을 했다. "오가와 씨, 모처럼의 전주 방문 여행, 전주회에서 시장님께 메시지를 준비하겠습니다. 그리고 시장님을 만나면 도쿄에는 전주회라는 모임이 있어 매년 한 번씩 모임을 갖고 전주를 생각한다."고 전해달라고 부탁하셨다. 그런데 8월 15일은 한국에서는 해방기념일이라, 8월 16일로 출발을 변경했다. 아내도 이번 한국 방문은 나의 오랜 희망이라며 여러모로 도와주었다. 하네다 공항에서 내 몫까지 전주를 보고 오라는 말에 기뻤다.

  8월 16일 10시 30분 하네다 출발. 제트기 여행은 기분이 좋았다. 후지산, 시마네반도, 일본해의 섬이 잘 보였다. 12시가 넘어서 한국 상공에 이르렀다. 스튜어디스의 안내로 보는 한국, 붉은 흙이 드러난 산골짜기, 굽은 강 등 옛 모습이 차례차례 눈 아래 재현되면서 한국에 온 것에 마음이 벅차올랐다. 약 30분 정도 비행해서 김포공항에 도착했다.

  입국 수속, 세관과 오랜만에 쓰는 로마자에 손이 떨렸다. 로비에 나가니 환전 호객꾼이 많아서 깜짝 놀랐고, 가지고 달아나면 큰일이라 호객꾼을 거절하기도 힘들었다. 그럭저럭 정규 교환소에서 「달러」와 「원화」를 교환할 수 있었다. 이번에는 택시 정류장에서 호남 고속버스 터미널로 가는 차를 찾았지만 알 수 없어 폴리스 박스에 사정을 이야기하고 일본어가 가능한 운전기사의 차를 부탁받아 겨우 서울 시내로 출발할 수 있었다. 차는 한동안 달렸지만, 한강대교를 건너지 않아서 운전사에게 물어보니 일이 한가하니까 전주까지 갑니다. 요금은 미터기로 계산하면, 전주까지 약 250킬로미터나 되고, 이건 힘들겠다 싶어서 서울로 돌아가자고 말했지만, 말이 통하지 않는 체하고 태도는 나쁘고, 외마디 일본어로 손님은 무슨 일로 한국에 와서, 무엇을 하러 전주에 가는 것입니까. 자신이 일본 정부 시절에 일본인에게 괴롭힘을 당한 것을 말하기 시작했다. 나도 오랜 조선인과의 교제도 있고, 이것은 심상치 않다고 생각해, 수첩을 꺼내 차에 표시되어 있는 성명과 차의 넘버를 적어 두고, 구라하라 씨로부터 받은, 전주시장 앞의 봉서(封書)를 보여 주며, 전주시장, 경찰서장을 만나기 위해 한국에 왔다. 4시까지 전주에 도착할 수 있겠냐며 말을 세게 했더니 갑자기 운전기사의 태도가 확 달라지면서 일본어로 손님 전주까지 10,000원으로 간다며(10,000엔이 12,000원) 자신의 차로 전주에 온 것은 시장에게 말하지 말라고 했다. 그 후의 이야기는 일본어로 충분히 통했다. 옛날에 수원에 있는 일본인 학교에 다녔는데 지금은 52살이라던가. 일본은 경제 대국이라는 둥, 그다음부터는 유쾌한 드라이브였다.

경부고속도로(대전까지→72km) 조치원 나들목에서는 손님 사진을 찍지 않겠느냐며, 자진해서 셔터를 눌러주고, 이제 호남고속도로로 들어갑니다, 등의 설명도 해주었다. 이곳에서 전주까지 약 60km, 경부, 호남, 도로의 공도 폭이 넓은데, 운전기사의 말로는 북조선이 다시 전쟁을 일으키면, 도로는 비행장 역할을 한다, 라고 이야기 해주었다. 차를 타고 약 3시간, 도로 표지가 로마자로도 쓰여 있고 논산 입구, 전주까지 30km라고. 드디어 전주에 가까워졌다는 것을 알았다. 부근의 산은 뭔가 낯익은 것 같기도 했다. 전주로 2km라고 도로 표시가 있고, 차를 세우고 기념사진도 찍고, 8mm도 돌렸다. 기사에게 행선지는 시청이라고 지시했더니 손님, 서울 넘버로는 전주의 택시회사가 성가시게 하니 역 앞에서 내려달라고 한다. 나는 승차시의 트러블이 생각나서?, 그럴 만도(시장님 운운), 다시 전주역행을 부탁했다. 25년 만의 전주역. 생각보다 작은 역이었다. 기사에게 봉사료 천 원을 주고 서로의 건강을 약속하고 헤어졌다. 역 앞에서 택시를 갈아타고 전주 호텔로 향했다. 호텔에서 무사히 체크인을 마치고 3층 방으로 안내받았다.

창문으로 밖을 내려다보니 강이 눈앞에 보였다.「이건 전주천이다」「저게 대궁교(大宮橋)」이쪽으로 가면 고사정, 옛집 쪽이다. 전주에 왔구나 하고 나도 모르게 혼잣말이 나왔다. 지배인을 만나 전주시장 앞으로 보낸 편지를 보여 주며 면회 신청을 부탁했다.

호텔을 나와 먼저 대궁교로 갔는데 옛 다리의 이름은 한국어로 되어 있었다. 본정 3정목 마쓰세(松瀨) 씨의 집 옆을 지나, 고사정의 시모오카(下岡)표구점의 앞을 왼쪽으로 돌아, 옛 고사정의 집 앞에 나왔다. 옛날 그대로의 집 모습, 건재하게 서 있는 모습에 감개무량했다. 누군가 지인이 입주해 있지 않을까 하고 집 앞을 서성거렸지만, 그런 사람은 보이지 않고, 대각선 앞의 집(도요타(豊田), 요시오카(吉岡), 야스타케(安武))이 가구 공장이 되어 있어 건물 안으로 들어가, 그 2층 건물에 일본인이 인양하고 나서, 이백수 씨라는 분이 입주해 있을 것 같다고 말했지만, 말이 통하지 않아, 필담을 해도 소용이 없었다. 어쩔 수 없었는데, 일본인과 닮은 사람이 와서 그 집 분과 뭔가 이야기하고 있었는데, 갑자기「일봉사라메」라고 말을 걸어 와서, 저는 25년이나 일본어는

해 본 적이 없습니다. 당신은 그 집과 무슨 관계가 있느냐고 물었다. 나는 예전에 그 집에 살았고, 오늘 한국에 여행 온 일, 또 예전 우리 집에 있던 창호점에 이백수 씨가 살고 있을 것이다. 라고 설명하자, 또다시 이웃 사람들과 한국어로 이야기하고 있었는데, 이 씨는 사망했다고 한다. 저는 페인트공 박정웅입니다. 일본인이 살고 있을 무렵, 그곳에서 일을 한 적이 있습니다. 건축업자 오가와 씨의 집이었는데, 한 집 앞이 이치하라(市原) 씨의 집이었습니다. 라는 말을 듣고 나는 기뻤다. 나는 곧 건축업자인 오가와의 아들로 현재 요코하마에 살고 있습니다만, 전주가 그리워 혼자 여행을 왔다. 고 이야기하자, 용케 전주에 왔다며 기뻐해 주었고, 박 씨는 예전 건축업자인 아키요시(秋吉) 씨, 우시지마(牛島) 씨와 여러 가지 추억을 떠올렸다. 미군이 진주할 당시 전주의 목수가 총출동하여 수백 대의 침대를 만들고, 전주의 페인트공(ペンキヤ)이 총동원되어, 페인트칠을 했던 일 등을 한참 동안 집 앞에서 이야기했다. 네, 다섯 명의 한국인들이 신기한 듯 모여들고 있었다.

나는 박 씨에게 「모처럼 전주에 왔으니 옛날 집을 보여 달라」고 하자 박 씨가 그곳 주민과 이야기를 나누고 있는데 안에서 중년 여자분이 나와 손짓을 해 집에 들어가라고 한국말로 말해 주었다. 나는 조심스럽게 집으로 들어가 안을 둘러보았다. 옛날 옛적의 계단, 2층의 천장, 인양 당시 그대로였다. 돌아가신 부모님이 즐겨 찾던 전주 집. 「드디어 왔구나」라고 중얼거렸다.

박 씨의 말로는 전기집, 파마집, 연탄집, 식당 등 6세대가 입주해 있다고 한다. 옆으로 돌아보니 내가 사용하던 별채가 식당으로 되어 있었는데 식당 안주인을 보고 깜짝 놀랐는데 창호점 이 씨의 부인이었다. 이분은 옛날에 우리 집에서 빨래도 해주시고 아기를 돌봐주셨던 분이다. 얼른 한국어로「우리 아라이소」(저를 알아요) 라고 말을 했지만 멍하니 있다가, 박 씨가 옆에서 옛날에 여기에 살던 오가와 씨입니다. 라고 말했더니, 부인은 잠시 나를 보더니 깜짝 놀라, 온지우 왓소(몇시에 왔습니까)라고 말을 건네 왔다. 부모님에 대해서도 물었는데 2, 3년 전에 돌아가셨다고 사진을 보여 주자 일본어를 기억해 내며 손짓으로 말해왔다. 아버지는 일이 바빴다. 어머니는 천식이 자주 일어나서, 가슴을 문지르거나 헐떡이는 시늉을 하며 부모님을 기억해 주셨다. 종전 후 25년이 지난 지금도 기억해 줘서 기쁘고 그리웠다. 나에게 일본으로 돌아가지 말고 전주에서 살자고 몇 번이나 말씀하셨다. 일본에서 가져온 담배와 과자 등 소소한 선물을 건네자 기뻐하며, 식사를 진행해 주었지만, 또 오겠다고 하고 헤어졌다. 박 씨도 매우 기뻐해 주었고, 오늘 밤 호텔에서의 재회를 약속하고 헤어졌다. 왜냐하면, 빨리 시내를 보고 싶었기 때문에, 집 사진을 찍고, 바로 옆의 대념사(大念寺)에 갔다. 옛날에는 큰 절

대념사 (『전주부사』)

이라고 생각했지만, 지금 보니 작은 절로 당수(唐手) 도장이 되어 있었다. 절 앞이 건축업자인 이치하라(市原) 씨, 이웃이 목수인 가게야마(景山) 씨, 재봉소의 야마모토(山本) 씨, 절 옆이 다카히라(高平) 씨, 그 안쪽에 전북일보사의 기노시타 다가시(木下孝) 씨, 계속해서 아픈 이름이 생각난다. 기쿠치(菊地)[76]병원의 모퉁이를 왼쪽으로, 동급생이었던 이토(伊藤) 야채가게, 아베(安部) 재목점, 그 앞이 마쓰모토(松本)석탄점, 그 옆에, 옛날 시초오(し長) 병원이 있던 일도 생각났다. 아베 재목점은 내가 입영 전 건축 도면도 작성했던 곳이라 반가웠다. 해지는 줄도 모르고 사진을 찍고 8mm를 돌렸다.

호텔로 돌아오자, 지배인이 모레 오후 1시, 시장을 만날 수 있다는 연락을 전해 주었다. 지배인은 일본어를 매우 잘해서, 오늘 있었던 일을 이야기하면, 그렇습니까, 옛날 집이 있었느냐며, 남의 말에도 기뻐해 주었다.

저녁은 한식을 주문했다. 열다섯 가지 정도의 음식이 나와서 놀람과 기쁨으로 식사를 했는데, 역시나 이 요리의 산은 도저히 혼자서는 다 먹을 수 없었다. 식사 중 약속대로 박 씨가 누군가 한 명을 데리고 찾아왔다. 이분은 옛날 이초오여관(銀杏屋)의 종업원으로, 원 씨는(일본명 모토무라(元村) 씨) 이초오여관에서 오랫동안 근무하고, 주인 다시로(田代) 씨가 인양으로 돌아갈 때까지 일하고 있었다고 한다. 일본 시대에 남선 총독으로부터 수고했다고, 말을 들었다든가, 옛날 일본인의 이야기도 나왔다. 다시로 씨는 잘 지내고 있습니까, 소방 단장인 마쓰모토 후쿠이치(松本福市) 씨는, 당신이 어렸을 때 막대기를 들고 본정 3정목을 자주 뛰어다니던 모습이 떠오른다고 말했다. 옛날 일본인은 말이 잘 통했다. 일본인이 그립다고 말씀하셨다. 박 씨가 오가와 씨, 한국은 밤 12시부터 새벽 4시까지 외출금지입니다. 집까지 꽤 시간이 걸리니 내일 다시 오겠습니다. 내 아이가 중2인데, 아이가 전주 시내를 안내해 줄 수 있을 것 같다고 말했다. 박 씨, 원 씨에게 일본 담배를 건네자 흔치 않은 담배라며 소중히 간직하겠다며 기뻐했다.

다음 날 아침 일찍 일어나 다가정으로 향했다. 대궁교를 건너 다가정 광장, 이곳은 옛날 자동차 시험장으로도 사용되었던 곳이었다. 옛 신사참배 길을 오르면서 부근을 보니 옛날 일이 쌍마등처럼 생각났다. 정상에 오르자, 신사 터에 평화기념비가 세워져 있었다. 내가 입영할 때 이곳에서 무운장구(武運長久)를 기원한 추억의 장소였다. 정상에서 보이는 시가지, 교외를 향해 개발되는 전주, 다시는 올 수 없다고 생각한 전주여, 성장하기를 기원했다.

아침 식사 후 호텔을 나와 미야자키(宮崎)재목점 앞을 오른쪽으로 데즈카(手塚)주점 앞을 지나 고사정의 우시지마구미(牛島組)의 붉은기와 건물이 지금은 전북일보사의 편집국이다. 도쿄의 전주회에게 소개된 서 씨에게 면회를 신청했지만, 부재중이라 대신 편집국장대리 이치백 씨를 만날 수 있었다. 이 씨는 전후 일본 신문사에서 편집 연구를 하신 적이 있다고 한다.

저의 이번 전주 방문의 목적 등을 물어 제가 전주에서 태어나

이곳 소학교를 졸업, 아버지는 건축업으로 전주, 전라북도, 관내에서 학교, 은행, 공사를 많이 하셨고, 또 소방단에서 형제가 여러 해 봉사한 일 등을 이야기하고, 또 이번에 전주를 방문하면서 도쿄 전주회에서 시장 앞으로 메시지를 전달받고 왔다는 점. 전주회 회원들의 제2의 고향 전주의 오늘 모습을 카메라에 담는 것. 또 제 개인적으로 소학교, 공업학교에, 도서를 선물하고 싶어서, 일본에서 가져온 일 등을 이야기했다.

편집국장님도 매우 기뻐했다. 정오에 발행된 신문 기사에 나의 전주 시절, 도쿄의 전주회 이야기도 실렸다. 카메라맨을 불러 기념사진도 찍고, 나는 신문사에도 일본에서 가져온 책을 선물하고, 이 씨와 재회를 약속하고 헤어졌다.

신문사 접수처에 깊은 감사의 인사를 하고, 화원정(花園町), 구 법원 쪽으로 가니, 일부 공사 중이었다. 법원은 새로운 큰 건물로 바뀌었다. 그 반대편에는 구노대서인(久野代書人)의 건물이 옛날 모습으로 남아 있었다. 도립병원은 크게 공사 중으로, 옛 재향군인회장인 기타모토(北野)[77] 씨의 집 진북정(鎭北亭)은 철거되어 있었다. 법원 옆 관사 밖은 옛날 그대로인데, 이곳에 옛날에 동창인 고미(五味) 군이 살고 있던 것이 생각났다. 도청, 경찰서 앞에 나오면 옛날 모습은 전혀 없고 새로운 건물이었다. 무덕전은 허물어져 도로가 되어 있었다. 소학교 때 연필, 공책을 사러 자주 갔던, 호소카와(細川)문구점 건물은 그대로였고, 거기서 보이는 풍남문은 육중하고 큰 건물로 보였다. 왼쪽으로 돌면 옛날 소학교 교문이 보였다. 교문 기둥 오른쪽에 커다란 팽나무가 우거져 있어 소학생 시절을 떠올리게 해주었다.

바로 풍남소학교에 인사하러 가니 학교는 여름방학이었지만 마침 교감 선생님이 계셔서 잘 오셨다고 기분 좋게 맞이해 주셨다. 일본에서 가지고 온 책을 선물하자, 선생님은 일본 책은 귀하다며, 한국은 지금 교육 도서가 부족해서 교육이 어렵다며, 꼭 교재를 살펴달라고 하며 학교를 안내해 주셨다. 교내는 청결했고, 선생님들의 열정이 손에 잡히는 것 같았다. 학교 건물도 대부분 개축되어 있었지만, 소사실과 외변소가 옛날 건물이고, 변소 옆에 있던 버드나무가 커져 있었다.

붉은 벽돌로 지은 건물인, 특별 교실은 3층 건물이 4층으로 증축되어 있고 봉안전은 헐려 있었다. 매년 졸업생들이 심었던 기념 나무는 없고, 온통 꽃밭에서 여름방학임에도 불구하고 아이들이 한마음으로 꽃을 가꾸고 있었다. 학교를 한 바퀴 돌며 선생님들과 옛날이야기를 나눴는데, 나이가 지긋한 선생님은 일본인 선생님과 한국인 선생님의 급여 차별이 심했고, 또 한국 학교와 일본인 학교와의 교재 차별이 심해서 지금까지 일본보다 교육이 늦어지고 있다고 말했다. 나는 선생님들께 정말 죄송하다고 사과하자, 그것은 오가와 씨가 한 일이 아니라 일본 정부 조선총독부가 한 일이라며 웃음을 터뜨렸다. 돌아갈 때 교정의 용사 동상 앞에서 기념사진을 찍었는데, 교감 선생님이, 오가와 씨 일본에 돌아가시면, 한국의 학교는 지금 교육 참고서가 부족합니다. 일본 분

중에 한국에 오시는 분이 있으시다면 한 권이든 두 권이든 일본 책을 가져와 주시기 바랍니다. 일본은 지금 경제 대국입니다, 한국은 이것을 본받아야 한다고 이야기하셨다. 나는 선생님의 말을 듣고 든든함을 느꼈다.

교문을 나설 때 그리운 풍남소학교, 다시는 오지 못할 것 같다고 생각하니 감개무량하다는 생각이 들었다. 박 씨가 교문 앞에서 기다리고 있었다. 둘이서 풍남문 쪽에 있었다. 풍남문은 한국의 보물(중요문화재)로 지정되어 있어 이곳 풍남문에서 본정 1정목까지가 전주 남부시장으로 큰 건물이 여러 채 들어서 있어 옛날과 다름없는 북적임이 있다. 전주에서 인양을 준비하던 중 이곳에 오면 일본인의 문양이 새겨진 기모노부터 훈장, 음식까지 온갖 것이 있던 곳이었다. 프랑스 교회, 오목대, 한벽루를 둘러보며 박 씨가 사진을 찍어줬다. 한벽루 부근의 둑은 옛날에는 벚꽃의 명소였지만 지금은 버드나무가 무성하고 그 옆에서 「지게(チゲ)」에 쌓인 참외(マックワ) 장수가 정겹게 느껴졌다.

저녁에 호텔로 돌아가자, 지배인이 전북일보를 보여줬다. 거기

전주 본정 1정목
『전주부사』

에는 오늘 전북일보사에서 한 이야기가 내 사진과 함께 소개된 기사였다. 지배인도 잘됐다며 악수를 청했다. 나는 기뻤다. 방에 한국인 심 양이 찾아왔다. 신문을 보고 상담하러 왔다는 말을 듣고 1944년 6월, 가타쿠라(片倉) 제사 공장에서 입영 전의 특별 교육을 오가와씨 등의 재향군인회에서 훈련받아 남방 작전에 참가했다가 부상을 입었다. 그것이 원인이 되어 일도 못 하고 생활에 어려움을 겪고 있다. 한국에서는 아무런 보상이 없다. 일본인은 은급을 받고, 병원은 무료이고 불공평하다고 상당히 강한 어조로 말했다. 전쟁 희생자는 한국에도 있다는 것을 느꼈다. 나는 심 씨에게 어떻게든 수속해서 일본에 와주세요. 일본에 오면 병원의 설비도 좋고, 수당도 충분히 할 수 있다고, 이렇게 이야기했지만, 돌아가는 길에, 호되게 일본인에 대한 불신도 들었다.

저녁 식사는 박 씨의 집에서(본정 3정목 데즈카(手塚)주점 앞) 가족 일동이 반갑게 맞이해 주었다. 부인도 일본어를 잘했는데, 옛날에 전주의 후지와라(藤原)치과에서 근무했다고 한다. 무척 예전의 일본인을 그리워했다. 박 씨는 어렸을 때 오사카에서 부모님과 살았다고 한다. 어머니가 일본인이시고 옛날 어머니의 사진을 보여 주며 지금도 건강하게 살고 있을 것 같으니, 찾아달라고 부탁했다.(1978년 8월 전주회 회원 스즈키 다카오(鈴木孝雄)〈영국대사관 근무〉 씨의 노력으로 오사카에서 모자가 만날 수 있었다.)

인양 당시 건축업자인 이치하라(市原), 우시지마(牛島), 아키요시(秋吉) 씨와 일본인들을 생각하며 이야기를 나누었다.

아들은 중학교 3학년으로 일본어는 잘 못하지만, 느낌이 좋은 학생으로 이번 여행에는 하루 종일 그림자가 되어 쇼핑을 도와주고, 사진을 찍어주는 등, 혼자 여행하는 저에게 아무런 불안감을 느끼게 하지 않았다. 딸은 대학생인데, 일본에 가서 공부를 하고 싶다고 한다. 식사도 일본의 요리와 똑같아서, 집에 돌아간 것 같은 느낌을 받았다.

전주에 온 지 사흘째, 오늘은 시장님과의 면담이 있어 아침 일찍 일어나 박 씨 아들과 함께 차를 타고 덕진으로 향했다. 일찍 가면 옛날에 들었던 연꽃 꽃망울이 터지는 모습을 볼 수 있을 줄 알았는데, 그때 연꽃은 고요히 피어있었다. 연못 안에는 전망대가 만들어져 있고, 육지에서 전망대 건물까지 긴 복도가 이어져 있었다.

예전 연못가에 있던 한국식 큰 건물인 취향정(醉香亭)은 지금은 중요문화재로 지정되어 울타리 밖에 있었다. 전주에서 느낀 것으로 예전 다리 이름, 비명이 한자보다 한글로 대신해서 새겨져 있었는데, 연못 입구에 세워져 있던 화강석 문주에 취향정 입구라고 새겨진 기둥을 보니 감회가 새로웠다.

연못에서 철도 선로를 향해 걸어가고 있을 때, 기차가 지나가고 있었다. 덕진역에서 동산 방면으로 가는데, 기차가 멈추고 손님이 뛰어내리고 있었다. 옛날 호남선 시절 가끔 보던 풍경으로, ○○답다는 생각이 들었다. 덕진역은 옛날 그대로의 역으로, 변소도 옆에 있었다.

전주 시내를 향해 가다 보면 오른쪽에 전주공설운동장 육상경기장이 신설되어 있고, 입구 문에 수당문(秀堂門)이라고 표시되어 있었다.

상생정의 옛 나카지마 긴주쿠(中島金束) 씨의 집 앞을 지나 파출소 모퉁이를 오른쪽으로 돌면 옛 유곽 거리 입구다. 왼쪽에 검도사범 오쓰보(大坪) 씨가 살고 있었고, 인력거가 길가에 놓여 있던 것이 생각났다. 도로는 전주천 제방까지 이어져 강둑을 따라 옛 대궁교 방향으로 가면 오른쪽이 길야산, 왼쪽이 야마모토 에쓰조(山本悦藏) 씨 블록 건물이 남아 있었다. 본정 4정목, 사사하라(笹原) 나막신 가게, 미야자키(宮崎)재목점 앞을 지나 호텔로 돌아갈 수 있었다. 아침 식사는 식당 주인 이 씨가 해줬다. 코오마부시미니다라고 인사를 하니, 부인이 고맙다며 크게 웃어주었다.

본정 파출소, 고미야(小宮)시계점, 스야마(陶山)생선가게 앞을 지나 옛 대정정 1정목, 즈보라당(ズボラ堂), 박다옥 앞으로 나왔다. 박다옥 건물은 지금도 전주의 대표적인 건물로 보였다.

1972년 전주 박다옥 (전주회)

8월 18일 13시, 약속 시간대로 시청 접수처에 시장 면회를 부탁했다. 담당자가 제 휴대품을 보고 「그것은 무엇입니까?」 「시장에게 건네는 것입니까?」라고 물어 깜짝 놀랐다. 부시장(助役)이, 오가와 씨인가요? 어제 전북일보를 봤어요. 라고 말씀하시며 부시장의 소개로 시장님께 인사드리고 전주회에서 온 메시지와 기념품을 전달했다. 김 시장과 부시장은 잠시 편지를 보고 있었는데, 회장인 하가(芳賀) 씨는 잘 지내고 있습니까. 전주회 회원은 몇 명이나 되나요? 전주회의 목적은 무엇입니까? 하고 물었다. 저는 회원은 일본 전국에서 약 400명 정도로, 1년에 한 번, 100명 정도의 회원이 도쿄에 모여 전주를 추억하며, 하루 즐겁게 친목을 다지고 있습니다. 전주 출신 한국인도 가끔 참석하여 전주 현황에 대해 말씀한다고 하자, 시장은 예전 전주 일본인에 대해 잘 알고 있다며, 오가와 씨 일가가 건축, 소방 관련으로 전주 발전에 기여한 것에 대해 개인적으로 감사합니다. 오가와 씨 당신이 전주에 방문해서 한국인에 대한 소감을 말해달라고 했다. 풍남소학교에서 선생님들의 이야기를 들었기 때문에 예전에는 너무 무리한 일을 해서 죄송하다고 사과하고, 전주에 와서 여러분들이 매우 친절하게 대해주셔서 즐거운 여행을 할 수 있었다고 감사의 인사를 전하자, 시장은 그것은 개인적인 친절입니다. 한국인은 일본인에 대해 잊을 수 없는 분함이 있다. 라고 말했다. (나는 이 분함이란 일본의 조선통치시대의 차별적 탄압, 일본어 사용의 강제, 일본식 성명의 개명 강제라고 생각한다.)

현재의 일본은 미국 이상의 경제력을 가지고 있고, 한국은 그 점을 본받아야 한다고 말했다. 일본에 돌아가시면, 하가(芳賀) 회장님, 전주회 여러분께 잘 전달해 주시기 바랍니다. 여러분들이 전주 관광여행을 오시기를 바랍니다. 라는 말씀을 했다. 저는 시장님께 일본의 한국 여행안내와 도쿄 안내책을 드렸다. 부시장은 시종일관 이야기를 메모하거나 사진을 찍고 있었다. 시장님, 부시장은 일본 학교를 나오신 듯 일본어를 매우 잘했는데, 헤어질 때 시장이 오가와 씨, 전주시에서 기념품을 드리겠다며, 전주시의 문양이 들어간 보자기와 전주의 사진집을 받았다. 시의 문장이 들어간 기념품을 선물 받는 것은, 일본인으로는 오가와 씨가 처음입니다. 라는 말씀에 감격해서, 깊은 감사의 인사를 드리고, 시청을 나왔다. 이것으로 책임을 다했다고 안심했다.

　꿈만 같았던 전주의 3일 동안 길야산에도 오르고 덕진, 동산 등 갈 수 있는 곳은 어디든 가보았다. 추억의 전주천에서는 낚시도 해보았다. 8월 19일, 드디어 전주와도 헤어지는 날이 왔다. 이른 아침 호텔 옥상에서 시내를 내려다보며, 작은 푸른 전주, 아마 다시는 찾아오지 못할 거라고, 내 집 쪽을 바라보며 바람에 쓰러지지 말라고 손을 흔들며 중얼거렸다. 안녕, 안녕.

　6시경 박 씨가 일부러 마중을 나와 박 씨 집에서 아침을 대접했다. 부인이 삶은 달걀을 열 개 정도를 만들어 주며,「오가와 씨, 경주까지는 시간이 꽤 걸립니다, 이것을 가지고 가 드세요.」라고 말해 부인에게 매우 감사하고, 박 씨와 함께 일본에 놀러 와 달라고 말씀드렸다. 딸에게 마지막 남은 한일회화 입문 책을 선물했다. 가족과 헤어지고 호남고속버스 정류장까지 박 씨, 원(모토무라) 씨가 배웅해 주셨다. 셋이 기념사진을 찍고, 박 씨, 원 씨에게 전주 방문 여행을 즐겁게 할 수 있었던 것에 대해 깊이 감사의 말씀을 드리고 전주를 떠났다. 나는 버스 안에서 3일간의 일을 떠올렸다. 이번 전주 방문은 전주회 덕분에 매우 운이 좋은 여행이었다.

전주 방문여행을 하시는 분께

한국 전주시 고사동 1가 148번지
전북신문사 편집국장 이치백 님
전화 8001

한국 전주시 다가동3가 1번지
박정웅 님
전화 6387

저, 오가와 요시미쓰는 이번 전주 방문 여행에서 많은 신세를 졌다. 제가 한국에서 받은 두터운 정은 평생 잊지 못할 만큼 즐거웠던 여행이었다. 전주회 여러분들도 전주 방문 여행을 가신다면 옛 지인과 연락하셔서 다시 한번 신구 전주의 모습을 보고 들으면서 즐겁고 뜻깊은 방문 여행이 되기를 희망한다.

전북신문 편집국장, 이 님에게 현재도 전주회 행사 등을, 연락해서 전북신문 지상에서 전주분들께 소개하고 있다.

전주회는 민간 외교의 첨병

구로다 히로미쓰오(黒田洪三男)[78] 도쿄(東京都)

전주회가 회원 상호간의 친목과 복지증진을 도모하고 사회적 지위 향상의 협력기관으로 창립된 이래 빠짐없이 매년 회동을 거듭하여 올해는 만 25주년을 맞이하였다. 초대 회장은 숭고한 인격자 기타모토 마쓰오[79] 씨로, 모임의 결성에 남다른 열의를 기울였지만 불과 2년도 채 되지 않아 돌연히 병사하셨고, 차기 회장으로서 전주지방법원 검사국 검사정으로 있다가 후에 강원도의 칙임 참여관을 지낸, 인격과 식견이 뛰어나고 온후하고 독실한 이토 노리오(伊藤憲郎) 씨가 뒤를 이어, 노체를 채찍질하며 모임의 발전 향상에 힘썼지만, 안타깝게도 1965년 6월 고령을 이기지 못하고 타계하여, 3대 회장으로 하가 분조(芳賀文三) 씨를 모셨다. 그는 전주 지방 전매 국장과 전라북도의 내무부장을 역임했고, 전주에는 특히 정이 많은 분이신 관계로 지극히 적극적으로 모임의 결속 발전에 진력하셨는데, 1975년 8월 서거하시고, 제4대 회장으로서 일본 대학 법학부 교원 사토 준이치(佐藤準一) 씨를 모셨다. 그는 학내에서도 여러 가지 겸무가 있어 매우 바쁜 신상인데도 불구하고 건강한 말로 간사 일동을 힘차게 격려하여, 현재 회원은 500명을 넘어 융성의 한길을 걷고 있다. 창립 이후 현재에 이르는 25년간 시종 심혼을 경주해 숨은 힘이 되고 진정으로 헌신적인 노력 정진을 거듭한 간사 고 구라하라 노리아키(倉原範顕) 씨의 공적은 실로 위대하다.

회원 여러분과 함께 가장 큰 경의와 감사의 뜻을 표하며 오래도록 기려야 한다고 생각한다. 이렇게 전주회는 점점 확충 발전을 기대하고 있는 가운데, 종전 후의 우리나라를 돌아보면 이 놀라운 발전은 전 세계의 경이적인 현실이 되고 있다. 감히 설명할 필요가 없다. 특히 경제 대국으로서의 위상은 확고하지만, 국내적으로는 참으로 어려운 문제가 산적해 있다. 예를 들면 영토 문제, 교육 문제, 농어업의 문제 등 셀 수 없지만 일본 민족이 건재하고 소위 보수정당이 완벽한 만큼 훌륭하게 개선되어 진정으로 평온한 날이 도래할 것을 확신하고 있다. 다행히 일본이 스스로 선포한 전방위 화해 외교를 전 세계가 이해하고 납득하는 그날에는 전 세계가 이에 공감하고 동의하여, 비참한 전쟁이 근절되고, 전 인류가 극락정토와 같은 평화로운 생활을 영위할 수 있는 날도 결코, 멀지 않을 것이라 확신한다. 간간이 들리는 이야기로는 이웃한 한국의 융성 발전도 대단하다고 하는데, 회원 중에는

일제강점기 전주에서 발행한 담배 광고지. 책가도를 연상시키는 그림이 민화풍으로 그려져 있고, 하단에 전주연초원매매주식회사라고 쓰여 있다. (국립민속박물관)

이미 많은 사람이 관광이나 상거래를 위해 왕복하고 있고 대일감정도 매우 양호하다는 말을 듣고 깊은 감사를 느낀다.

그렇게 오래된 역사[80]를 들먹이지 않아도, 일본, 조선, 중국의 민족은 확실히 동일 종족이며, 그 용모, 언어, 문자 등이 유사한 것이 실로 이것을 증명하고 있다. 극언하면 친척동지라고 믿을 수 있지만, 몇 억 년 또는 몇천 년 동안의 경과가 잡다한 우여곡절을 거쳐 현재의 칩거 상태를 만들어 냈기 때문에 언젠가는 대동단결의 기회가 있을 것으로 믿어진다. 따라서 가까운 이웃이자 인연이 깊은 조선과는 더욱더 친선. 교류를 돈독히 할 필요가 있다고 생각한다.

우리 전주회가 미약하나마 민간 외교의 첨병이 되어 다양한 기획을 구체화하고 적극적으로 기여해야 한다고 생각한다. 그래야만 전주회의 의의와 존재가 더욱 빛날 수 있다고 믿는다. 다행히 조선의 전주는 이조 발상지이며, 우리 전주회 회원의 가장 인연이 깊은 지역으로 그 민중의 심정과 생활을 상세히 알고 있고, 헌신적인 정진 노력이 발현되어 양국 민족이 진정으로 친선 융합의 결실을 맺을 수 있다면 양국 간의 최대 행복으로 이어질 것임을 확신한다. 이러한 이상이 하루아침에 실현될 수 있으리라 생각하지는 않지만, 어느 과학자는 지구의 수명은 약 80억 년으로 현재 그 절반을 지나고 있으며, 이후 40억 년 후에 소멸한다고 하며, 그리스도의 성경에도 「세상의 종말」을 예언하고 있어, 어쨌든 이 세상은 유한하다는 것을 시사하고 있습니다만, 이 오랜 세월에 짧은 수명을 가지고 있는 인류라면 적어도 인류로서 살아 있는 동안만이라도 세계인들이 전쟁을 멸종시키고 국경도 없고 인종차별도 없는 평화로운 이상향을 실현할 수 있도록 세계인들이 지혜를 모아야 한다고 염원하며, 전주회원 상호 간의 단합을 강화하고 확대하여 큰 발전을 기원하는 바이다.

— 전 전주전매국 판매계장 겸 전주판매소장

친구와 손잡고 모교를 걸으며

구보 케이코(久保桂子) 기타큐슈시(北九州市)

 1978년 5월 4일, 푸른 싹, 새잎이 싱그러운 시즌이었습니다. 붉은 벽돌의 그 그리운 학교 건물을 33년이 지나서 다시 방문할 수 있으리라고는 꿈에도 생각하지 못했습니다.
 종전 후의 혼란과 조선 전쟁의 공습을 견뎌내고, 이렇게 훌륭하게 보존해 주신 전주 시민 여러분께 정말 감사했습니다. 어렸을 때, 아주 가파른 언덕이었던 것으로 기억하고 있었는데, 정문 앞의 경사가 의외로 완만해서, 여하튼, 깜짝 놀랐는데, 한 발짝 교문 안으로 들어섰을 때, 운동장도, 새파란 하늘에, 붉은 벽돌색으로 물든 교사가 33년 전이나 지금이나 조금도 변함없이 서 있었습니다. 저도 모르게 감탄을 했습니다.
 「우와, 그 때 그 시절이다.」라고요.
 교장실에 들어갔을 때는 눈물이 쏟아져 어쩔 줄 몰랐습니다.

왜냐하면 교장실이 그 당시의 모습 그대로였기 때문입니다. 가세키미(加瀨キミ)와 교장실 청소를 했던 일이 떠올라 문득 발밑을 보니, 마루판도 그때 그대로가 아니겠습니까. 그리움에 감동해 가슴이 떨렸습니다.

전쟁으로 공출되어, 수업의 시작과 끝을 맺는 종이 북으로 바뀌었던 장소, 그 시절에는 넓은 복도라고 생각했지만, 지금 보면 비교적 좁은 복도, 어렸을 때 몸이 약해서 자주 쉬었던 위생실도 그곳에 있었습니다. 콘크리트 계단의 아슬아슬한 느낌도 그리운 것이었습니다.

재봉실도, 이과 실험실(아마 이과실이었을 것 같다)도 그대로 남아 있었습니다.

죽 늘어서 물 마신 곳, 일렬로 서서, 코를 잡고, 마신 구충제 해초…. 소사실로 큰 찻주전자를 가지러 간 것도….

옥상에서 본, 경치도, 전주의 산들, 전주중학교까지, 눈앞에, 펼쳐져, 국민학교 5학년의 저로 되돌아간 것 같은 생각이 들었습니다.

전주풍남공립국민학교
(『전주부사』)

가세 키미와 어렸을 때처럼 손을 잡고 교내를 걸어 보았습니다. 추억에 잠기면서….

평온한 주부의 자리에 안주하면서 무언가를 찾고 있었던 것 같은 기분이 들었습니다. 이곳에, 멋진 고향이 있었습니다. 눈앞이 환하게 밝아오는 것 같았어요.

인생에서 사람과 사람의 만남이 얼마나 중요한지 알게 되었습니다. 어린 시절의 만남이 내 인생에 얼마나 많은 것을 가져다주었는지 모릅니다.

깊은 추억을 만들고 행복을 만들어 주었습니다. 지금, 이, 어린 시절을, 다시 떠올려 보면, 마음속 깊이, 이미 완전히 잊혀져 버린, 추억이, 5월의 새파란 하늘 아래서 반짝반짝 빛나는 보석처럼 생각됩니다.

소중하게 간직하도록 하겠습니다.

39회를 만들어 주신 미즈카미 씨, 후나야마 씨에게 진심으로 감사를 드립니다.

전주에서도 여러모로 도와주셔서 정말 감사했습니다.

그리고 도기타(時田) 씨, 저를 찾아주셔서 감사합니다.

종전의 쓰라린 상처도 오랜 세월이 씻어 주었습니다. 이런 멋진 추억을 가진 저는 행복합니다.

아무쪼록 여러분, 건강에 유의하시기를, 언제까지나 젊고 건강합시다.

언제까지나, 마음에 남는 것은, 아름다운 추억입니다.

백제로 코스모스 꽃빛 겨루기

미즈카미 히로시(水上洋)[81] 지바시(千葉市)
(종전시 전주소학교 5학년)

몇 개의 산과 강을 건너고 지나서

외로움이 열매 맺는 나라로 오늘도 여행가네

— (와카야마 마키미즈)

내가 탄 영국제 대형버스는 서울에서 전주로 가는 가장 큰 버스였다. 1970년 10월 말의 한국은, 가을의 전형이라고 할까 완전히 멋진 가을이었다. 아름다운 것을 접했을 때 느끼는 가슴 설레는, 눈물마저 날 것 같은 정경을 그때의 나는 계속 느꼈다. 내 45년간의 인생에서 겪은 45번의 가을 중에서 이해의 가을(그것도 불과 4일간이었지만)만큼 지극히 훌륭하고, 눈물마저 날 것 같은 아름다움, 그리고 가슴 설레는 감동을 느낀 가을은 없었다.

25년 만에 내가 전주에 가고 싶다는 생각이 든 것은 단체의 일원으로 서울(경성)에 갔을 때였다. 서울 교외의 단풍과 기생(예기)의 정겨운 음감을 주는 한국어를 접하고 "내가 태어난 전주 그곳?"에 대한 만감이 교차하며 단체를 떠나 혼자 여행을 떠난 것이다.

25년 만에 쓰는 전주 사투리의 한국어, 그것도 어눌한 말투였지만 어떻게든 전주에 가보고 싶은 남자의 마음가짐 때문인지 나를 무사히 전주까지 데려다주었다.

이른 아침 호텔에서 먹은 대구 사과의 맛이 아직도 입 안에 남아 있는 것 같은 느낌마저 들 정도로 서둘러 호텔 보이가 알려준 버스에 올라탔다. 서리의 희끗희끗함과 나의 하얀 숨결이 한결 가을의 깊이를 느끼게 해주었다. 서울에서 전주로 통하는 고속도로는 환상적인 탄환 도로였고, 양옆으로 활짝 핀 코스모스 꽃은 전주소학교 교사 뒤편 화단에 피어 있던 가을꽃을 떠올리기에 충분했다.

　　백제로 코스모스 꽃빛 겨루기

다자이 오사무(太宰治)라고 하는 작가는 "후지산은 달맞이꽃이 잘 어울린다."고 했는데, 나는 그 말을 떠올리곤 했다. 그만큼 코스모스 꽃들이 버스 창밖으로 보이는 한국의 풍경과 잘 어울렸다. 한글(한국문자)로 표시된 이정표는 알 수 없었지만, 한자로 된 전주 1km의 표시를 보았을 때 내 마음속은 뭐라고 표현해야 할지 나는 말을 앓었다.

 카메라 렌즈가 혼자 여행하던 나의 눈물로 흐려졌던 기억이 난다. 주위 사람들로부터 이상한 눈초리를 받지 않으려고 안간힘을 썼다.

 종점에서 내린 나. 그 내 눈에 가장 먼저 들어온 것은 산이었다. 바로 기린봉과 종엄산이었다. 소풍을 갔던 산들은 생각보다 작고 나지막했다. 나는 소학교 시절 미술(図画) 시간에 산을 그릴 때 멀리 있는 산은 보라색으로 그렸다. 산자수명(山紫水明)이라고 하지만 정말 먼 산은 보라색으로 보인다는 것을 새삼 깨달았다. 프랑스 교회도 보였다. 옛날 그대로의 모습으로, 있었다. 불교 신자인 나에게는 교회는 전혀 인연이 없지만, 이 전주 풍남의 마을에 서 있는 프랑스 교회만은 내 마음속에 살고 있는 특별한 건물이었다. 바로 옆에 있는 산업장려관이라는 건물은 낡고 허름하고 지저분했지만 완전히 옛 모습 그대로였다.

 전주천을 따라 여전히 번창하고 있는 시장. 다가정의 작은 산들의 단풍. 상류 종엄산[82] 자락의 한벽루, 오목대… 등등. 그것

1940년 7월 전주천 부지의 우시장
(『전주부사』)

은 진정한 의미에서 나에게 있어서는 마음의 문화재이자 국립공원이다.

나는 구마모토(熊本)로 인양되었지만 고졸 후 대학 생활을 하기 위해 상경했다. 하숙 시절 흥얼거렸던 "고향"이라는 노래. "토끼를 몰던 산, 붕어를 낚시하던 강…" 이 노래를 규슈의 친구들과 함께 할 때, 항상 나는 그들을 배신하고 있었다. 그들의 뇌리에 있는 고향과 나의 그것과는 전혀 달랐다. 물론 현재의 나를 포함한 나의 고향은 전주천이며 그 주위의 산들이다. 그리고 "봄의 전주"와 "여름의 전주", 가을, 겨울의 전주이다.

25년 만의 그것도 단 하루의 가을 전주이긴 했지만, 이번 일정만큼 내게 가을을, 진정한 의미의 고향의 가을을 맛볼 수 있었던 날은 없었다. 두 번 다시 맛볼 수 없는 감격의 하루였다.

"고향에 복이 있으라"

내가 그것을 염원하며, 서울행 막차에 올라탔을 때는 이미 밤이었다.

고전미가 풍부한 전주의 명소와 고적[83]

특설유람버스로 안내

● 전주 역

행우[84] 여러분, 먼 길을 함께 잘 오셨습니다. 우리 전주지부원 일동은 이날이 오기를, 손꼽아 기다리며, 분담을 정하여 우리 전주의 소개라든가 환대 등의 준비를 하고 있었습니다만, 저는 나가마쓰(永松) 지부장의 명령으로 주제넘게 시내를 안내해 드리게 되었습니다. 예쁜 버스걸이 아닌 세련되지 못한 사람(武骨者)으로, 무례한 점 언짢게 생각지 마시고 용서를 바랍니다.

그런데 여러분, 지금 하차하신 전주역은 보시다시피 다른 역과는 전혀 다른 모양으로, 건물 양식은 외관을 순 조선식으로 지었는데, 이는 철도 당국에서 지방색을 살리기 위해 특별히 신경을 쓴 것인데, 즉 우리 전주는 이조 500년의 주춧돌을 놓은 이왕가의 발상지라는 점에서 그 인연을 상징하기 위해 조선식 역사로 지은 것으로 조선 내에서도 경부선 수원역과 우리 전주역만이 이런 식이라고 알고 있습니다.

역 건너편을 보십시오. 늘어서 있는 건물은 모두 학교로 왼쪽부터 전주북중학교 · 전주소학교 · 전주남중학교 · 전주농업학교 · 전주고등여학교 · 전북고등여학교로, 시내 학교의 대부분은 여기에 모여 있어 고요하고 공기 좋은 학교 길을 형성하고 있습니다. 그 중앙부에 보이는 곳이 전주측후소입니다.

북쪽으로 보이는 붉은기와 담장 안이 전주교도소이고 다음이 전북제사주식회사 전주공장, 일본광업의 매광소, 조선운송주식회사 전주지점입니다.

이번에는 남쪽을 향해 주세요. 왼쪽부터 도립의원 · 전주지방법원[85] · 완주군청 · 전주세무서 · 곡물검사소 · 전주출장소입니다.

● 공회당과 객사

그럼 지금부터 특설 유람 버스로 시내를 안내해 드리겠습니다. 어서 차례대로 타십시오. 분실물이 없으면 지금부터 출발하겠습니다.

이 훌륭하게 포장된 역전 대로도 양옆은 보시는 것처럼 밭이나 벼 건조장으로, 부의 현관으로서는 참으로 부끄럽고, 볼품없는 모습입니다만, 이는 최근 전주가 급격히 발전하는 기세로 인해 토지 시세가 엄청나게 뛰어올라 매수자가 한 치 손을 대지 못하고 헛되이 까마귀나 참새의 놀이 장소로 남겨져 있습니다. 그래도 오른쪽에 보이는 남선합동전기 전주영업소가 제일 먼저 이 거리에 신축되고, 바깥쪽도 점점 계획이 진행되고 있는 형국으로, 다음에 여러분을 안내할 즈음에는 훌륭한 역전 거리가 조성될 것입니다.

왼쪽으로 꺾인 이 대로가 전군가도로 북쪽으로는 이리·군산까지 49km에 걸쳐 포장되어 있어 기분 좋은 드라이브웨이로 전북의 자랑거리가 되고 있습니다. 또 남쪽은 남원에서 곡성·순천·여수까지 이어져 있습니다.

왼쪽 건물이 전주공회당으로 부의 공회당이라고 하기에는 너무 빈약하기 짝이 없는 건물인데, 이는 다이쇼 초기에 부가 아직 면일 무렵의 유물로 부에서는 조만간 이를 도서관으로 개축하고, 별도로 수십만 엔의 예산을 들여 당당한 공회당을 세우기로 했습니다.

오른쪽의 큰 조선 건물이 원래 전북상품진열소로 현재는 도교육회의 교육회관이 되어 도내 각지의 향토 교육자료의 수집 진열이나 시골 학교의 수학여행 시 등의 휴게소로 활용되고 있습니다.

이 건물은 전주 명물의 하나로 약 500년 전 이조 초기에 전주성 축성에 앞서 그 중앙 최적지에 객사로 창건된 것으로 이조 시대에는 매월 관찰사가 분향의 예를 올리고 국가 경조사가 있을 때는 민관이 모두 이곳에 모여 의식을 치렀으며, 또한 관찰사나 부윤 등이 부임할 때는 반드시 먼저 이곳에서 배례 숙박했던 곳입니다.

● 전주지점[86]

드디어 지점에 왔습니다. 잠시만 하차하고 쉬십시오. 이 거리가 대정정 거리에서 1정목부터 7정목까지 있어 전주에서 가장 번화한 상점가입니다. 맞은편 건물이 전주우체국으로 우리 지점과 함께 전주 제일의 번화가인 장소를 차지하고 있습니다.

지점은 1930년 공사비 59,565엔을 들여 신축한 것으로, 총건평 105.5평, 현재는 도내의 지점 중 제일 크고 군산 지점보다 약 20평 정도 넓다고 합니다. 행 내는 보시는 바와 같이 여러분이 계신 곳과 크게 다르지 않지만, 이 구내에 있는 그 궁통장(弓通場)이야말로 우리 지부의 자랑거리 중 하나입니다. 우리 지부의 궁도에 대해서는 회심 지상에 여러 차례 소개했으므로 부원의 실력에 대해서는 충분히 잘 알고 계시리라 생각합니다만, 현재의 궁도부원은 15명으로 영업시간 후 매일 연습을 계속해, 특히 전 조선 제일의 야마다(山田) 범사를 사범으로 하여 매주 1회 강습을 하고 있으며, 이미 나가마쓰 지부장 이하 8명의 유단자를 보유하고 있습니다.

그 밖에 행원의 오락 기관으로 행 내에 당구대와 탁구대가 비치되어 있는데, 그중에서도 당구대는 식당에 놓여 있고 식사할 때는 그 위에 광판을 놓고 식탁으로 사용하고 있습니다. 1,000엔이나 하는 식탁을 사용하고 있는 곳은 아마 제가 있는 곳뿐이라고 생각합니다.

차를 다 드셨다면 옥상으로 안내해 드리겠습니다. 여기서 보면 전주시가지가 거의 다 한눈에 볼 수 있습니다. 보십시오, 전주는 동남북 삼면이 깊고 그윽한 봉우리들로 둘러싸여 있고, 약간 북쪽만 트여 소위 전북평야에 이어져 있습니다. 옛날에는 전주시가지 주위에 쭉 성벽이 있어서 사방의 문으로 외부와 통했고, 다시 완산칠봉에는 외성이 소규모의 만리장성처럼 축조된 요새로 지금도 그 일부가 남고산에서 남관 쪽으로 남아 있습니다.

이곳에서 보이는 산들은 저기 가장 높은 곳이 기린봉이고, 오른쪽으로 승엄산(僧厳山)·남고산·곤지산·두산(兜山)·완산·다가산·길야산, 그 너머로 높은 곳이 모악산으로 각각 명승지이며 사적이 풍부한 곳인데, 그중에서도 유명한 곳은 완산과 남고산입니다.

● 완산

완산은 전주천을 가른 시의 남쪽 일대의 산괴(山塊)를 총칭하여 완산칠봉이라고 하며 전주의 옛 이름인 완산은 여기에서 따온 것입니다. 1894년 동학당의 변란에는 처음에 적군이 이 산을 점령하고, 관군으로부터 빼앗은 대포를 시가에 쏘아 마침내 성안에 입성하여 관군과 부호를 약탈했지만, 얼마 지나지 않아 관군

이 와서 또 이 산 위에 포열을 세우고 성안을 포격했기 때문에 사상자 백여 명을 내고, 게다가 서문 부근에서 불이 나서 한꺼번에 1,900여 호를 태워 버렸다고 합니다. 지금은 아래쪽 일대에 도유림이 설치되어 조선에서는 진귀한 삼나무·편백나무 숲이 울창하게 우거져 있고, 또 산기슭의 청학루에서 그 뒤편에 걸쳐서 수백 수천 그루의 벚꽃이 심어져 호남 제일의 벚꽃 명소가 되어, 도인(つわ者)[87]들의 꿈의 흔적이 멈추지 않고 있습니다.

● 남고산

남고산은 원래 남관의 성곽과 상응하여 수비 군대를 두었던 곳으로 산중에는 후백제의 산성터가 있고, 만경대·남고사·관우묘 등이 있으며, 높이 솟은 고송이 온 산을 뒤덮고 솔바람 소리 새의 지저귐은 참으로 세속을 떠나있어, 시민 휴양지로서 시인과 묵객이 왕래하여 즐기는 사람도 상당히 많습니다.

● 부청

외부 설명은 이 정도로 하고 이제 출발하겠습니다. 여러분, 버스를 타세요….

은행 옆이 우리 전주부청입니다. 여기서 잠시 전주부의 연혁에 대해 간단히 설명드리겠습니다. 전주는 예로부터 호남의 중심 요지로 발달하였고, 상고시대에는 비사벌 또는 비자화라 불렀으며, 마한에서 백제시대에 이르러 완산주(긴메이 천황의 어자)가 지방의 도읍으로 세워졌고 신라시대부터 전주라 부르다가 후백제 국이 재건하면서 한때 그 수도가 되었다가 고려시대에 이르러 안 남이라 개칭하고 도호부를 두었으며, 곧 전주로 개칭되었고, 이 후 시대가 바뀌면서 절도안무사·순의군·대도호부·목사 등을 두었고, 이조 시대에 이르러 관찰사로 바뀌어 전라남북도를 관 할하였습니다. 1910년 병합과 함께 전라북도청이 설치되어 부 내 일원을 전주면으로 개칭하고, 1917년 지정면(指定面)이 되었 으며, 1930년 행정구역을 확장하여 이듬해인 1931년 전주읍이 되었고, 다시 1935년 부제가 실시되어 면의 면모를 일신하고, 동 시에 전주군청이 신축되었습니다. 이 청사를 개조하여 부 청사로 사용하기에 이르렀습니다. 현재의 부내 면적은 약 1리 사방으로 호수 8,800호, 인구는 내지인 약 6,000, 조선인 약 37,000, 외국 인 약간으로 총인구는 43,000명(1938년 12월 말 현재)에 달하고 있 으나, 전년도 도 계획령이 시행되어 근처 도읍을 합병하여 면적 에 있어서는 현재의 약 3배, 인구 100,000을 목표로 하여 부지런 히 대 전주 건설에 매진 중입니다.

● 경기전

부청 옆이 총후를 지키는 향군전주분회 사무실로 다이쇼 초기 헌병대가 사용하던 곳입니다. 다음으로 보이는 것이 금융조합연 합회 전북지부의 새 청사로 오른쪽으로 꺾어 들어가면 저 고목이 우거진 광활한 경내에 주벽(朱碧)의 전당 못지않은 아름다움을 자랑하는 건물이 바로 조선의 역사와 깊은 인연이 있는 경기전입니다. 지금으로부터 약 480년 전의 건물로 이 전당 안에는 조선 이태조의 화상이 안치되어 있는데, 이 화상은 이조실록 등 전적과 함께 이후 여러 차례의 변란 때 내장산이나 강화도, 의주, 나아가 영변 묘향산 보현사 별전, 무주군 적상산, 위봉산성 등으로 옮겨져 어려움을 모면한 것으로, 이조실록 중 남아 있는 것은 원래 이곳에 보관되어 있던 것들이며, 지금은 모두 조선사 최고의 자료로 경성으로 옮겨져 있습니다.

매월 1일, 15일에 분향의 예를 지내고 춘추 두 차례 제전을 지내는데, 제전은 한밤중에 지내며 전주이씨 문중의 주요 인사들만 참석할 수 있습니다.

● 조경묘 · 오목대

경기전의 북쪽은 조경묘로 이조 태조의 22대조 신라 사공 이한 공과 그의 비 경주 김씨의 위패가 모셔져 있습니다.

다음으로 동쪽을 보세요. 저 고대(高台)를 오목대라고 하는데,

오목대

이태조가 아직 고려의 무장일 때 남원군 운봉에서 왜구의 수령을 쳐 멸하고 개선하여 이 고대에 종친을 모아 성대한 연회를 베풀었던 유적이라고 합니다. 대의 중앙에『태조고황제주필유지(太祖高皇帝駐蹕遺址)』라고 새겨진 비가 있는데, 산기슭에 있는『목조대왕유허지(穆祖大王遺墟址)』비와 함께 고조(이태왕)의 친필로 새겨진 것입니다.

● 남문

경기전 남쪽에 있는 풍남소학교는 조선인 여학생들만 교육하는 학교입니다. 예전에는 여자 보통학교라고 불리던 학교입니다. 학교를 따라 오른쪽으로 꺾으면 왼쪽에 보이는 저 높은 건물이 프랑스 교회입니다. 또한 이 도로의 끝자락에 사변[88] 화보에서 보는 중국의 성문 같은 것이, 우뚝 솟아 있는 것은 유명한「호남 제1성」의 편액이 있는 남문으로 전주성 사문 중 유일하게 남

풍남문

고전미가 풍부한 전주의 명소와 고적

아 있는 대표적인 유물입니다. 풍남문이라 부르는 것이 정확하며, 누각 위의 조종(釣鐘)은 옛날의 울림 그대로 아침 6시와 밤 10시에 울려 퍼지며, 그 잔잔한 여운은 전주의 오랜 역사를 말해 주듯 새벽과 밤하늘을 가로지르며 다가옵니다.

● 부영(府営)시장

다음은 부영의 남문시장으로 안내해 드리겠습니다. 장날은 매 10일 중[89] 2일과 7일, 월 6회가 열리는데 그 외의 날에도 상설 점포가 있어 늘 북적임을 보여 부 당국에서도 이 시장의 개선에 대해 매년 매우 고심해 오늘날에는 전국적으로도 모범 시장으로 자리매김하고 있으며, 그 거래액도 연간에는 7~80만 엔의 거액에 달합니다. 또 그 한편에 있는 어채 시장은 주식조직인 어채 회사가 대행하여 군내 각지는 물론 내지 만주 방면에서도 어채류를 모아 시민의 식생활을 책임지는 동시에 도내 오지 각 군에 어류를 공급하고 있습니다.

남부시장

● 한벽루

남문으로 돌아와서 다음은 한벽루로 향합시다. 가는 길목의 거리를 흔히 남문 밖이라고 하는데, 장날 등은 시골에서 나오는 지게를 짊어진 손님들로 자동차의 왕래도 어려울 정도로 붐비는 거리입니다.

드디어 제방으로 나왔는데 이 강은 여러분이 아시는 전주천으로 일명 다가천이라고도 합니다. 강바닥

한벽루

의 조약돌 하나하나까지 투명하게 보이는 맑은 물줄기야말로 교토의 가모가와(鴨川)에 비견되는 물의 도시라고 할 수 있는 이유입니다. 제방을 따라 상류로 올라가면 머리 위까지 드리워진 이 나무들은 모두 왕벚나무로, 꽃이 필 무렵이면 말 그대로 꽃 터널이 되고, 밤에는 설동(雪洞)이 점점이 이어져, 아련한 저녁 꽃 아래에서 연인과 손을 잡고, 혹은 가족과 함께 거니는 정경은 또 다른 정취가 있습니다.

왼쪽에 보이는 조선식 건물은 전주 문묘로 건축양식은 모두 옛 경성의 대학을 본떠 만든 것으로 봄, 가을 두 차례 성대한 공자의 제사가 있습니다. 구내의 저 큰 은행나무는 작년에 천연기념물로 지정되었습니다.

벚꽃 터널이 끝나는 곳, 이 건물이 널리 알려진 유명한 한벽

루로 400~500년 이전의 건립이라고 알려져 있습니다. 멀리 고덕·모악의 여러 봉우리를 바라보며 승암·남고의 산성지를 가리키면, 가까이는 눈 아래 푸른 옥류 거세게 부딪치고 꽃 흩날리는 경치는 저절로 시정(詩情)을 불러일으켜 사시사철 유람객이 끊이지 않는 전주 명승의 하나로 꼽히고 있습니다.

강 건너에 보이는 것이 전주사범학교 그 오른쪽 높은 굴뚝이 있는 것이 전북면자주식회사와 용진주조합자회사 건물입니다.

● 호안공사

그럼 이제 전주교를 건너 우측 강변 제방으로 내려가겠습니다. 왼쪽의 고지대가 전주부 수도의 정수장이고 수원지는 약 1리 상류의 상관면 신리라는 곳에 있습니다. 전주 물이 좋다는 것은 본부시험장의 감정서에서 전국 제일이라 하는데, 이 물로 닦은 전주 미인이 아름다운 것은 당연한 일입니다. 정수장의 벚꽃 또한 명소 중 하나로 꽃이 필 때는 꽃놀이객으로 크게 붐볐지만, 최근 부민 위생상의 관점에서 출입이 금지되어 있습니다.

이 전주천은 다이쇼(大正) 시대의 호안공사로 수해를 예상하지 못했는데, 1936년 여름의 전국적인 대홍수 때 상류 지방의 산사태에 휩쓸려 방금 본 한벽루의 아래쪽 제방이 무너져, 물이 제방 위 1척을 넘어 수백 호가 물에 잠겼고, 서천교·완산교·대궁교·상생교 4개의 대교가 떠내려가 많은 유실과 가옥의 완전 파괴로, 수십 명의 사상자와 행방불명자까지 발생하여 한때는 참담한 형편이었습니다. 그 후 당국의 뼈를 깎는 노력으로 수십만 엔의 거액을 들여 제방을 수리함과 동시에 1m를 높이고, 강폭도 25m를 넓혀 보시는 바와 같이 완전한 제방이 되었고, 이로써 전주는 영구히 수해에서 벗어나게 되었습니다.

● 전주신사

동선 관계로 늦었지만, 이제부터는 전주신사에 참배해 주시기 바랍니다. 앞은 다가의 맑은 물이 흐르고 경내에는 느티나무와 단풍나무·솔벚나무의 노목이 울창하게 가지를 뻗어, 그윽하고 조용한 신사 일대의 풍경은 보시는 바와 같이 남종화 정취가 그대로 느껴집니다. 이 대궁교는 대홍수 후에 축조된 것입니다. 상수도의 물을 이용한 이 분수지는 예전에 큰 잉어가 많이 들어 있었는데 아쉽게도 대홍수 때 떠내려가고 말았습니다.

오른쪽 건물이 사무소로 과거 전주 양반계급의 활터였던 다가정을 이축한 것입니다. 옆에 있는 천양정 활터는 그 후 신축한 것으로 매일 양반들과 기생들이 열심히 활을 쏘고 있습니다.

천양정 활터

신사의 배전(拜殿) 본전(神殿)은 이 언덕 위에 있습니다. 이 구불구불한 참배 길도 도리어 신사의 장엄함을 더해주는 것 같습니다.
　드디어 정상에 도착했습니다. 먼저 참배해 주시기 바랍니다.
　전주신사는 1914년 10월 건립되어 천조대신, 메이지 천황, 대국혼신을 모시고 있습니다. 1936년 도지사가 폐백을 공진해야 하는 신사로 지정되어 도민 숭경의 중심이 되었지만, 도의 신사 치고는 규모가 너무 작다고 하여, 작년 도지사를 회장으로 한 봉찬회가 결성되어, 맞은편의 길야산까지 신역을 확장해 약 25만 엔의 예산으로 신규 조성 계획이 추진되고 있습니다. 각지의 기부와 헌금도 곧 대부분 모여 있어 기원 2,600년 기념 사업으로 완성되는 날이 밝을 때는 전국에 자랑할 수 있는 훌륭한 신사가 세워질 것입니다.
　이 언덕에서의 경치가 어떻습니까… 전주 시장은 물론 멀리 덕진 방면까지 한눈에 들어오며 처음 이곳에 선 손님들은 한결같이 절찬의 목소리를 아끼지 않는 곳입니다. 연무에 싸여 고요히 잠들어 있는 듯한 전주의 시가지, 우리가 시(詩)의 도시, 숲의 수도, 물의 도시라고 늘 자랑하는 데 이견이 없으리라 생각합니다.

● 테니스 코트

　그럼, 이제 하산하겠습니다. 대궁교를 건넌 이곳이 우리 지부의 테니스 코트입니다. 이 앞쪽이 지점장 사택이고 그 앞이 차석 사택입니다. 여기서 잠시 쉬어가세요, 지점장님 댁에서 맥주라도 드린다고 합니다.

이 코트는 꽤 오래전부터 있어서 우리들은 짬을 보아 이곳에 찾아옵니다만, 아직 데이비스컵전에 나갈 만한 솜씨가 되어 있지 않은 것을 늘 아쉽게 생각하고 있습니다.

● 약령시

많이 피곤 하시겠지만, 조금만 더 힘내시기 바랍니다. 그럼 출발하겠습니다.

이 거리가 본정 거리로 1정목부터 4정목까지 나누어지는 옛 상업가로 1등 도로 경성 목포선 입니다만, 최근에는 조금 대정정 쪽에 번화가를 빼앗긴 모습입니다. 남쪽으로 가면 이 모퉁이가 본정우체소에서 맞은편에 보이는 곳이 조선상업은행 전주지점입니다.

이 부근 일대에서 매년 겨울에 약령시가 열리는데 전주의 약령시라고 하면 조선 내에서 평양[90]·대구와 함께 3대 시장의 하나로 예로부터 유명하며, 약종업자가 전국에서 모여 한 해 거래액은 60~70만 엔에서 100만 엔을 돌파하기도 하는 규모입니다.

● 팔달정 거리

우편소에서 왼쪽으로 돌아 들어갑니다. 우편소 옆에 전주초연판매소가 있는데, 이 건물이야말로 지금의 지점이 신축될 때까지 전주농공은행 시절부터 쭉 우리가 일하던 지점 건물입니다.

여러분 중에는 당시의 그리운 기억이 있는 분도 있을 거라고 생각합니다. 오른쪽이 지금은 도 참여관·농촌진흥과장·부윤 등의 관사가 생겼지만, 원래 이곳에는 수비대가 있던 자리입니다.

왼쪽 건물이 전주금융조합, 다음이 조선지업주식회사로 이 회사는 전주조선지공동조합에서 인수한 전북의 명산인 조선지를 도맡아 국내는 물론 멀리 만주·화북 방면까지 팔아치우고 있는데, 그 취급액은 연간 70~80만 엔이나 된다고 합니다.

맞은편의 요정이 예전부터 있던 후타바(二葉)로 예기와 종업원 등 30~40명이 일하는 전주의 대표적 연회장으로 큰방은 족히 200명 이상의 큰 연회를 할 수 있습니다.

● 도청

다음으로 왼쪽에 보이는 큰 건물은 2부 14군 인구 160만의 대가구를 600만 엔의 예산으로 꾸려가는 전라북도청입니다. 건물은 꽤 오래되어 몇 년 전에 지어졌는지 확실히 기억하고 있지 않지만, 사무의 증대와 함께 증축에 증축이 더해지며, 내부도 해마다 개조되어 도 당사자는 몇 년 전부터 개축의 필요성을 설파하고 있습니다만, 경비 관계로 인해 아직 본청으로 예산이 들어오지 않아, 그 후에 생긴 다른 도청에 비하면 극히 빈약해 보이지만, 어쨌든 조만간 개축이 실현될 것입니다. 외관은 그렇다 치더라도 그 내용에 있어서는 결코 타 도에 뒤지고 있다고 생각하지 않습니다. 지사의 명령 하나에 좌우로 손발처럼 통제되는 움직임을 보이는 도청 직원 여러분의 긴장감은 총후를 지키는 도민의 총책임자로서 사명감을 느끼게 해줍니다. 또한 이 도청은 우리 지점과는 일본은행 전주대리점으로서 또한 도 금고인 관계로 밀접한 관계를 맺고 있습니다.

● 산업장려관

팔달정 막다른 곳이 전주 무덕전, 오른쪽 모퉁이가 전주경찰소, 왼쪽으로 돌아가면 저 4층짜리 전주 제일의 건물이 전라북도 산업장려관입니다. 여기에는 전북의 특산품이 빠짐없이 진열되어 있으니 잠시 하차 후 내부를 안내해 드리겠습니다.

이 건물은 도비 및 각 방면의 기부 10수만 엔으로 1936년에 신축된 건물로, 1층, 2층이 진열대로 즉매장, 3층 4층이 특설로 도회의실 및 방청석으로 되어 있습니다. 여기 옥상에서 보면 역시 우리 지점도 눈 아래에 조그맣게 보이고 전주 일원을 내려다 볼 수 있습니다. 따라서 방공 연습 때 등을 보면 등화관제가 완전히 되어 있는지 대충 한눈에 알 수 있습니다.

전북 명산이라고 하면 제일 먼저 전북 쌀이 손가락에 꼽히고, 다음으로 지하 3척을 파면 눈이 부신 백금·황금, 앞바다에 대어 잡이 뱃노래를 들으면, 마을에는 자랑인 목화와 누에고치… 과연 호남의 보고라 불리는 만큼 하늘의 복, 땅의 복이 가득합니다. 특히 특산품인 전주우산·단선·선자·조선지·고산건시, 혹은 운봉의 칠기·고창 도자기[91] 등은 이 장려관의 자랑거리로 매년 만주나 화북 등지에서 견본시(見本市)를 열어 그의 방면에까지 큰 호평을 받고 있습니다. 여러분도 기념품은 여기서 찾는 것이 편리하다고 생각합니다.

● 대정정과 환락가

자, 갑시다. 버스도 기다리다 지쳐 있는 것 같습니다. 다시 지점 앞으로 돌아왔습니다. 지금부터 대정정을 지나갑니다. 보세요. 우리 버스가 매끈하게 달리고 있는 아스팔트, 화려한 장식등(鈴蘭燈)을 삼가고 군국색(軍国色)에 걸맞는 간단한 조명가등, 이곳 전주 경제계의 심장부인 대정정 거리의 모습은 장기적인 건설의 저력을 품고 화려한 내일을 맞이하기 위한 기다림의 모습이라고 해야 할까요. 행인들의 면면에도 희망의 빛이 빛나고 있습니다. 대정정 1정목과 2정목 경계의 네거리 일대는 소위 전주의 환락가로 모퉁이의 박다옥(博多屋) 회관을 시작으로 부근에 카페 요시미야(吉見屋)·주천(酒泉)·이시가와야(石川屋)·이즈모(イヅモ)·미하토(ミハト)·후지야(富士屋)·산페이(三平)·야쓰쇼쿠도오(奴食堂)·고후지(小富士)·스에키(末喜)·기쿠스이(菊水)·에도가와(江戸川)·가칸로(雅観楼)가 있고, 또한 전주 유일의 오락의 전당 제국관 극장도 그 안에 있습니다. 땅거미가 질 무렵, 재즈

박다옥

소리에 이끌려 온 젊은 사람들이 무심코 술집을 순례하다가 시국이 시국인지라 엄중한 시간제한에 쫓겨 붉은 네온사인에 휩쓸려 허겁지겁 돌아가는 모습도 이곳에서만 볼 수 있는 풍경입니다.

● 상공회의소

박다옥 회관 모퉁이에서 북쪽으로 꺾여 왼쪽으로 보이는 건물이 전주무진주식회사, 그 2층이 전주상공회의소입니다. 전주의 회의소는 1935년에 설립되었지만, 회원은 350명이 채 되지 않고, 자산도 1만 엔 미만으로 활발한 활동도 하지 못하고 있습니다만, 그래도 21명의 의원님들은 이사회 당국과 힘을 합쳐 전주의 번영을 위해 눈물겨운 노력을 계속하고 계십니다. 또한 저희 지점장은 역대 이곳의 특별의원으로 임명되어 전주 공직회의 일원으로 활동하고 있습니다. 이웃이 전북일보사이고 전라북도의 대표적인 지역신문사입니다.

● 전매국

다음은 전주지방전매국을 안내해 드리겠습니다. 이곳의 관할구역은 전라남북도, 충남, 호남 3도에 걸쳐, '호남의 중심은 전주이다'라는 표어가 잘 보여 주고 있습니다. 근년에 업무는 현저하게 팽창해 4천 평이 넘는 부지에 빽빽이 세워진 공장에서도 너무 좁게 되었기 때문에 시의 북쪽 인접지에 2만 수천 평의 부지를 요구해 작년부터 경비 약 100만 엔 정도로 이전 신축 공사가 시작되었습니다.

● 덕진

이번에는 단번에 덕진(德津)까지 차를 달려보겠습니다. 오른쪽에 있는 것이 상생소학교, 나아가 큰길로 나오면 왼쪽의 저 큰 건물이 가타쿠라(片倉) 제사 공장으로 약 500명의 여공을 고용하고 있습니다. 그 북쪽 광장이 가네가부치(鐘ヶ渕) 방적의 공장 부지로 몇 년 전 12만 평을 매수하여 매립 공사까지 끝났지만, 시국의 영향으로 아직 공장 건설에 이르지 못하고 있습니다. 최초의 계획으로는 이곳에 5만 방추를 가지는 세계 제일의 라미(ヲミー) 공장을 건설하기로 되어 있었습니다.

오른쪽에 보이는 것이 전주공업전수학교로 작년 부민들의 기부 6만 엔을 바탕으로 신축되어 종래의 가구과·건축과 외에 칠공과와 토목과가 증설되었습니다. 처음 설명한 전군 가도에 나가면 보시는 것과 같이 기분 좋은 포장이 되어 있어서 양쪽의 포플러 가로수와 함께 우리 자랑거리 중 하나이기도 합니다.

덕진역 앞에서 그라운드 쪽으로 돌아봅시다. 이 일대부터 연못을 포함하여 전주부의 공원지대가 조성되어 있습니다. 오른쪽 건물이 도의 원잠종제조소입니다. 이쪽이 야구장입니다. 전주의 야구가 활발할 때는 시즌을 채비하며 매일 같이 경기가 열렸고, 입구 부근에는 노점 상인들이 몰려들어 시장이 서는 등 성황을 이루었지만, 손질에 상당히 많은 경비를 필요로 하는 곳으로, 최근에는 풀만 무성한 우마 목장 같은 모습입니다. 소나무 숲 사이를 누비며 연못 주위를 한 바퀴 도는 드라이브웨이의 정취는 한 치도 다른 곳과 비교할 수 없습니다. 봄부터 여름까지는 뱃놀이하는 사람들이 밤새워 몰려들어 백련과 홍련 사이로 배를 띄워 겨루는 현가(弦歌)는 울창한 소나무 숲에 메아리쳐 그야말로 활기가 넘칩니다.

연못가의 풍아한 조선 건물은 취향정이라고 하는데, 연꽃향에 취한다고 해서 붙여진 이름인데, 바로 옆이 요정 와카노이(若乃井) 건물입니다.

이 연못의 물은 예로부터 약수라고 해서 음력 단오절에는 도내 각지에서 부녀자들이 모여 이 물을 뒤집어쓰는 풍습이 있습니다. 이날에는 또 목욕하는 부인들의 인어 같은 모습을 동경하여 청춘의 피를 뿜어내는 청년들도 한꺼번에 몰려들어 매우 북적거립니다.

또한 이 연못에는 잉어, 붕어, 가물치 등을 많이 양식하고 있어 3, 4년에 한 번씩 돈을 받고 개방하는데, 그날의 성황도 대단하여 3척이 넘는 큰 잉어까지 잡히기도 합니다. 그렇게 이 연못의 물고기는 약수에서 자란 물고기로 약용으로 쓰인다고 해서 가격도 다른 곳보다 다섯 배, 열 배 이상 비싸게 거래되고 있습니다.

● 조경단

여러분, 저쪽을 보세요. 저 소나무 숲 일대는 모두 이왕직의 소관으로 저 안쪽에 조경단이 있습니다. 이조의 시조 신라 사공 이한공의 묘소로 부근 사람들도 성지로 존숭하고 있습니다.

● 여관

전주의 큰 유원지이자 연꽃의 명소인 덕진연못에 대해서는 예로부터 재미있는 전설도 전해지고 있지만, 여기서는 생략하고 여관으로 안내해 드리겠습니다.

잠시 차 안에서 양해를 구합니다. 실은 내일 전주 부근의 명소로서 비비정으로 유명한 삼례부터, 전북의 나이야가라라 칭하는 익옥수리조합의 대아리 저수지, 게다가 연산액 500만 엔 이상에 달하는 모악산과 김제평야의 금산 지대에 안내하여 조선 제련이나 일본광업의 금광채굴장 상황과 미쓰비시의 드레저(採金船)를 사용하는 사금채취 상황 등 설명드릴 예정이었습니다만, 오늘의 구경으로 상당히 피곤하신 분도 많으실 것 같아서, 다음 기회에 안내해 드리겠습니다. 양해 부탁드립니다. 수다를 떨다 보니 벌써 여관에 왔습니다. 이 여관은 이초오여관(銀杏屋)이라고 하며 전주에서는 일류 여관입니다. 특히 이 목욕탕은 그 시설이 좋기로 유명합니다. 느긋하게 피로를 풀고 가세요. 이것으로 저의 전주 안내를 마칩니다. 수고 많으셨습니다…. 안녕히 가십시오….

(14.1.25.)[92]

부록

전주회 회칙

제1조 본회는 전주회라 칭하고 사무실을 구라하라 이쿠 가(신주쿠구 가미오치아이 ○-○-○)에 둔다.

제2조 본회는 도쿄도 및 인근 현에 거주하는 전주 관계자로 조직한다.

제3조 본회는 전주 관계자 상호 간의 친목을 취지로 하며, 복지증진을 도모하여 사회적 향상의 협력 기관으로 한다.

제4조 전조의 목적을 달성하기 위해 다음과 같은 행사를 진행한다.

    1. 회원 상호부조

    2. 타 현 거주자와의 연락

제5조 회비는 연 100엔으로 하고, 그 외의 기부금으로 회를 유지한다.

제6조 본회의 회계연도는 매년 4월에 시작하여 다음 해 3월 말일에 끝난다.

제7조 본회에 다음과 같은 임원을 둔다.

    회장 1명 | 부회장 2명 | 간사 약간 명 | 감사 약간 명

제8조 회장, 부회장은 총회에서 선임하며, 기타 임원은 회장의 추천으로 총회의 승인을 얻는다.

제9조 회장은 본회를 대표하고 회무를 총괄한다.

　　　　부회장은 회장을 보좌하고 회장 유고 시 그 직무를 대행한다.

　　　　간사는 회장, 부회장을 보좌하여 회의 운영을 담당한다.

　　　　감사는 회계의 감사를 담당한다.

제10조 임원의 임기는 2년으로 한다. 단, 임기가 만료되어도 후임자가 결정될 때까지 그 직무를 수행한다.

제11조 본회는 매년 1회 총회를 개최하여 임원 선임과 함께 회무 및 회계보고를 한다. 단, 필요하다고 인정하는 경우 임시총회를 소집하거나 임원회를 거쳐 총회를 개최할 수 있다.

제12조 본 회칙은 총회의 의결을 거쳐야만 변경할 수 있다.

　　(본 회칙은 1955년 9월 24일부터 시행한다.)

전주회 임원

회　장	사토 준이치	(도쿄)
부회장	구로다 히로미쓰오	(도쿄)
동	스야마 후지오	(도쿄)
간　사	오가노 히카리	(도쿄)
동	모리야마 노보루	(도쿄)
동	이이다 다카시	(도쿄)
동	오가와 요시미쓰	(가나가와현)
동	후나야마 사니오	(요코하마)
동	구라하라 이쿠	(도쿄)
감　사	고미야 세이조(古宮精三)	(도쿄)

전주가 고향인 일본인

> 목차
> 1. 머리말
> 2. 전주회의 성격
> 3. 『全州』의 구성
> 4. 『全州』의 주요 내용
> 5. 맺음말

1. 머리말

 전주의 재조 일본인을 정의하려면, 먼저, 시간, 공간, 사람을 한정하는 논의부터 해야 한다. 『전주부사』에 의하면 전주에 일본인이 처음 거주를 시작한 것은 1897년 1월 7일이다.[93] 이 해를 기점으로 하여, 시간은 1897년부터 1945년 일본의 태평양전쟁 패전 후 재조 일본인의 귀국 시기까지로 한정한다. 다음으로 공간은 「전주부(府) 경역 연혁도」[94]를 살펴볼 필요가 있다. 이것은 단적인 예로, 다음의 지도에서 보는 것처럼 전주의 행정구역은 시간의 흐름에 따라 확장되기도, 축소되기도 했다는 것을 알 수 있는데, 1940년경 전주부의 경역은 "동쪽으로는 기린봉에서 서쪽으로는 완산·삼천, 남쪽으로는 남고산 북쪽 기슭, 북쪽으로는 추천을 포함하는 일련의 경계선으로 한정"[95]되다. 이처럼 변화하는 시간과 공간 속에서 살았던, 전주의 재조 일본인을 정확하게 특정하는 것은 쉽지 않지만, 대강 19세기 말부터 1945년까지 전주에서 살았던 일본인이라고 말할 수 있다.

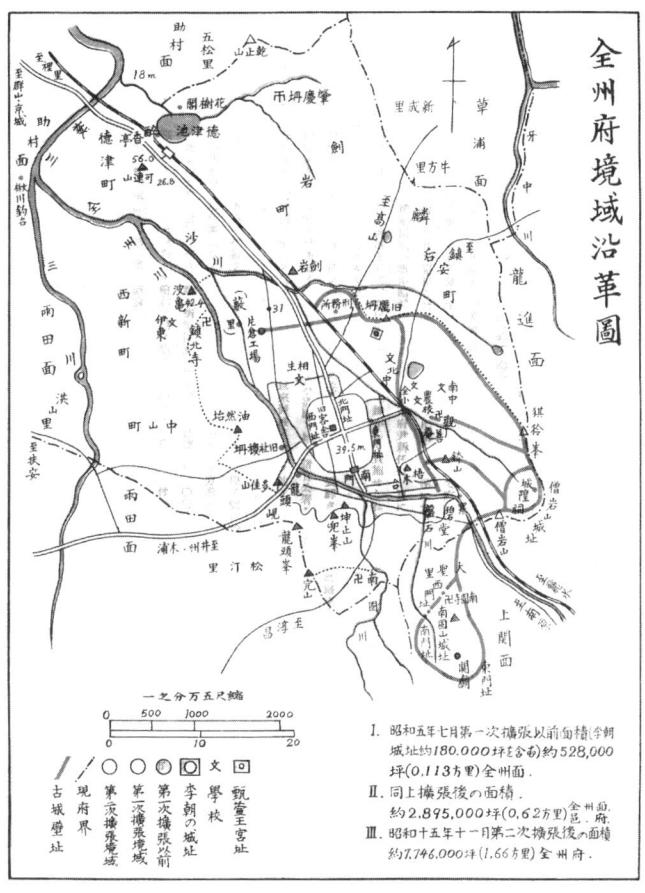

전주부 경역 연혁도 (『전주부사』)

이 시간과 공간 속에서 전주에 정착하여, 살고, 죽고, 태어난 재조 일본인은 몇 명일까? 정확한 수는 헤아려 보아야 하겠지만, 1939년 전주부의 호수는 8,924, 인구는 44,549명이다. 이중 일본인의 호수는 1,308, 인구는 5,933명이다.[96] 이들의 정치, 경제, 사회, 교육 등의 활동은 비교적 소상히 『전주부사』에 기록되어 있다. 이것을 보면, 일제강점기 한반도의 어느 지역이나, 마찬가지이겠지만, 전주의 재조 일본인 역시 자신들이 개척한 식민도시 전주의 역사를 비롯하여, 발전 과정과 미래상을 기록하며 자랑스러워하고 있다. 8·15해방 후 일본으로 귀국한 이들은 전주를 진짜 집[97] 또는 제2의 고향[98] 이라고 말하며, 사무치게 그리워하고 있다. 이들은 전주에서 어떤 일상생활을 영위하고 있었을까? 전주회는 그 일부를 알 수 있는 기록을 남겼다.

2. 전주회의 성격

전주회는 간다(神田)의 이즈미(和泉) 회관에서 창립(1954년 추정)하여, 1955년 9월 24일에 제1회 대회를 지요다구(千代田区) 후지미초(富士見町) 공민관(公民館)에서 개최하고 제정한 회칙을 시행한다. 회칙 제2조는 전주회 구성원의 성격을 알 수 있는데, 다음과 같다,

본회는 도쿄도 및 인근 현에 거주하는 전주 관계자로 조직한다.

위 회칙에서의 '전주 관계자'는 앞서 논의한 전주의 재조 일본인을 말한다. 여기에 소수의 전주 출신 재일교포[99]를 포함하고 있는 것으로 보인다. 회원 수는 총 472명으로 도쿄도와 인근 현에 228명, 지방에 244명이 거주하고 있다(1979년 현재).

회칙 제3조는 전주회의 목적을 알 수 있는데, 다음과 같다.

> 본회는 전주 관계자 상호 간의 친목을 취지로 하며, 복지증진을 도모하여 사회적 향상의 협력 기관으로 한다.

전주회는 목적이 회원의 친목과 복지증진, 사회적 향상에 있음을 알 수 있다. 회칙 제4조에서는 이 목적을 실현하기 위한 행사로 '회원 상호부조'와 '타 현 거주자와의 연락' 등을 진행한다고 밝히고 있다. 즉, 전주회는 전주 관계자의 친목과 복지증진, 사회적 향상을 목적으로 '회원 상호부조'와 '타 현 거주자와의 연락'을 위한 단체였으며, 주요 행사는 매년 1회 개최하는 총회였다.

1) 전주회의 임원 구성

전주회의 초대 회장은 기타모토 마쓰오(北本松雄)였다. 기타모토의 저택 진북정(鎭北亭)은 현 전북대학교 평생학습센터 서쪽 부근[100]에 있었는데, 1906년 사립 전주 유치학교가 창설[101]된 곳이다. 예비 보병 소위 기타모토는 전주의 재향군인회장[102], 고사정에 있던 일본기독교회의 장로[103], 1938년 설립된 육농잠구주식회사(旭農蠶具株式會社)의 사장[104], 전주부 연합청년단 고문, 전주 방공위원회 위원[105], 전주 경방단 부단장[106], 전주 고사정 우편국장 등을 역임한 인물이다. 2대 회장 이토 노리오(伊藤憲郎)는 1927년 조선총독부의 첫 사상검사로 임명되었으며, "조선 사회주의 운동 연구의 개척자"[107]로 전주지방법원의 검사국 검사정(재임기간 1938.9.17.~1940.11.22.)[108], 1945년에는 조선문인보국회(朝鮮文人報國會) 이사장을 역임한 "예술에 이해가 깊으며, 또한 문필에 조예가 있는"[109] 인물이다. 3대 회장은 전주지방전매국 국장과 전라북도 내무부장을 역임한 하가 분조(芳賀文三)로 "침착하고 용의주도하여 친절"[110]한 인물이다.

  1~3대 회장은 일제강점기에 전주 내외에서 주요 요직을 거친 공직자가 회장직을 맡았는데, 이들이 사망하면 다음 회장이 새로 선출되었다. 이와 다르게 4대 회장은 일제강점기에 아직 이렇다 할 직업적 활동이 없는 비교적 젊은 인물로, 당시 일본대학 법학부 교수 사토 준이치(佐藤準一)였다(1979년 현재). 이때 전주회는 창립 25주년을 맞이하여, 1979년 5월『全州 : 全州会創立第二十五年記念号』(이하『全州』)라는 제호의 회지를 발간한다.『全州』에 기록된 임원 명단과 이들이 기고한 글은 다음과 같다.

  전주회의 임원 대부분은 도쿄에 거주하고 있으며, 가나가와와 요코하마에 거주하는 간사가 각 1명씩 있다. 이들 대부분은 전주에서 공직에 재직했거나, 주요 상점 등을 운영했다.

표 1 전주회 임원 명단(1979년)

직 위	氏 名	기고문
회 장	사토 준이치(佐藤準一)	「창립 25주년을 맞이하여」 「전라북도와 전주시」
부회장	구로다 히로미쓰오(黒田洪三男)	「창립 25주년을 기념하며 미래를 생각하다」
	스야마 후지오(陶山不二男)	「25주년 기념대회에 즈음하여」
간 사	오가노 히카리(小神野光)	「제2의 고향 전주의 추억」 「고전미가 풍부한 전주의 명소와 고적」
	모리야마 노보루(守山昇)	「전주를 그리다」
	이이다 다카시(飯田隆)	「전주의 추억」
	오가와 요시미쓰(小川義光)	「추억의 전주」
	후나야마 사니오(船山参男)	「인양의 추억」
	구라하라 이쿠(倉原郁)	「전주회와 구라하라 노리아키」
감 사	고미야 세이조(古宮精三)	1972년 전주의 주요 건물 사진 8장

회장 사토 준이치의 직업은 앞서 밝혔다. 부회장 구로다 히로미쓰오는 전주전매국 판매계장 겸 전주판매소장을 역임했다. 또다른 부회장 스야마 후지오는 1979년 현재 주점(丸ビル竹葉亭)을 운영하고 있었는데, 전주에서는 어물점을 경영했다. 『全州』에서 자주 등장하는 스야마생선가게(陶山魚店)이다. 이하 간사는 다음과 같다. 오가노 히카리는 조선식산은행 전주지점에서 재직했

다. 전주면장과 읍장을 역임한 모리야마 아오타리(守山五百足)[111]의 아들인 모리야마 노보루는 전라북도 산업부 토지개량과 등에서 재직했다. 1930년 의사 면허를 취득한 이이다 다카시는 전라북도 경찰부 위생과 등에서 재직했다. 1979년 현재 오가와 요시미쓰는 일본의 건설회사(浜辺建設)에 재직하고 있고, 후나야마 사니오는 일본합성수지(日本合成樹脂)에 재직하고 있다. 구라하라 이쿠는 구라하라 노리아키(倉原範顕)의 아내이다. 구라하라 노리아키는 전주회 창립에 중요한 역할을 한 인물로, 전주제사(주)의 이사로 재직했다. 감사 고미야 세이조는 전주에서 고미야 시계점을 운영하였고, 1979년 현재 일본에서는 공업회사(石福金属工業)에 재직하고 있다.

3.『全州』의 구성

『全州』는 전주회 사토 준이치(佐藤準一)회장이 표지와 속표지의 제호를 해서체로 쓰고, 그의 서문을 시작으로 20면에 걸친 화보, 전주회 회원의 33편의 수필, 기념호 발간 협력자 명단, 찬조광고, 회원 명단, 회칙, 임원 명단, 편집후기 등으로 구성되어 있다. 이중 번역에서 생략한 것은 다음과 같다. '기념호 발간 협력자 명단'은 기부자의 기부액과 명단 등이 50음 순으로 2면에 걸쳐 기재되어 있으나, 번역에서 생략하였다. 총126명의 회원이 2,000~10,000엔 정도를 기부하였고, 총액은 602,000엔이다. '찬조광고'는 6면에 걸쳐 10개의 광고가 실려 있으나, 번역에서 생략하였다. 전주회 회원 개인, 전주소학교 출신의 모임 '전주 39회', 재일 전주고교(북중) 동창회, 음식점인 '한일관' 등의 전주회 25주년 축하 광고이다. 전주회 회원 명부는 16면에 걸쳐 472명 회원의, 씨명, 주소, 전화번호, 현재의 직업과 전주 거주 당시 직업 등이 기재되어 있으나, 개인정보 보호를 위해 번역에서 생략하였다. '편집후기'는 부회장인 구로다와 간사인 후나야마의 후일담 등으로 번역을 생략하였다.

이외 생략된 지면은 다음과 같다. 컬러 사진 등이 20면에 걸쳐 106장이 실려 있는데, 수록된 사진의 목록과 설명은 다음과 같으며, 표의 1칸은 1면에 해당한다.

표 2 「全州」 화보 목록

• 현재의 전주시가 전경 • 1922년경의 대정정 1정목 • 1922년경의 전주역 앞 벚꽃길(구메 씨 제공)
• 구 전주신사에서 대궁교를 바라보며(1971년 오가와 씨 촬영) • 1943년경의 전주국민학교(후나야마 씨 제공) • 현재의 전주국민학교(1977년, 후나야마 씨 촬영) • 전라북도청(1978년, 후나야마 씨 촬영) • 1922년경의 전라북도청(구메 씨 제공)
• 현재의 전주시가도(고미야 씨 제공) • 전주천에서 바라본 기린봉….(후나야마 씨 제공)

- 남문(한국보 · 308호로 지정되어 있다. 1972년 고미야 씨 촬영)
- 박다옥(1972년 고미야 씨 촬영)
- 전주우편국(1972년 고미야 씨 촬영)
- 식산은행(1972년 고미야 씨 촬영)
- 요시미야(吉見屋)양식점(1972년 고미야 씨 촬영)

- 전주천(1972년 고미야 씨 촬영)
- 구 전주소학교 정문(1972년 고미야 씨 촬영)
- 한벽당 벚꽃길은 버드나무로 변했지만…(1972년 고미야 씨 촬영)
- 옛 모습 그대로의 전주역(1977년 후나야마 씨 촬영)

- 제13회(1967년) 대회부터 20회(1974년) 대회 회의 단체 사진 8장

- 제21회(1975년) 대회부터 제24회(1978년) 대회의 회원 단체 사진 4장
- 1943년 4월 전주국민학교 3학년 1반
- 전주경찰서

- 1922년경의 경기전
- 1922년경의 프랑스교회
- 1922년경의 덕진지공원
- 1922년경의 전주시가
  ※ 이 페이지의 사진은 모두 구메 시즈히코 씨가 제공함.(1922년 발행 전주안내)
- 오목대 1922년
- 전주우편국 1922년
- 전북일보사 현재도 이대로의 모습으로 남아 있다.

- 황태자 탄생 축하회 남양의 토인 춤 전매국(시라오 구니요시 제공)
- 1976년 사쿠라지마(桜島)에서 고 구라하라 씨를 모시고…
  (시라오 씨, 구메 씨 제공)
- 1922년경의 전주고등보통학교 전경(구메 씨 제공)
- 현재의 대정정 1정목(후나야마 씨 제공)
- 현재의 경기전(후나야마 씨 제공)
- 구 전주신사터에서 전주교 방면(1978년 5월 후나야마 씨 촬영)
- 구 도립병원 현재 전북대학 의학부(후나야마 씨 제공)

- 단애절벽에 있는 단엄사(구메 씨 제공)
- 구메 씨의 사연
- 1933년경의 전주소학교 전경(야마모리 씨 제공)
- 1933년 전주소학교 일동(야마모리 씨 제공)
- 1933년 전주소학교직원 일동(야마모리 씨 제공)
- 1933년 전주소학교 고등과 졸업생 일동(야마모리 씨 제공)

- 오가와 씨의 전주 내방과 전주회의 안내가 실린 전북일보(오가와 씨 제공)
- 1933년 전주소학교 심상과 졸업생 일동(남자)(야마모리 씨 제공)
- 1933년 전주소학교 심상과 졸업생 일동(여자)(야마모리 씨 제공)
- 1972년 전주시장이 오가와 씨에게 증정한 기념품(오가와 씨 제공)

- 1942년경의 전주시 전경
- 제1회(1955년) 대회부터 제4회(1958년) 대회 회원 단체 사진 4장

- 제5회(1959년) 대회부터 제12회 대회(1966년) 회원 단체 사진 8장

- 1941년 겨울 전주남중학교 생도의 사냥
- 전주공립고등여학교(1923년) 큰 버클은 기타무라 이치오(北村一夫) 교장의 「여자의 자존심」이라는 뜻(다나카 나카(옛 성 가게야마)씨)
- 1943년 2월경 전주남공립중학교의 기차 통학생
- 1943년 10월 부여 신궁 근로 봉사(나스 씨 제공)
- 1942년 전주초등학교 2학년 1반 일동(목내반)
- 전라북도 회계과 직원(나스 씨 제공)

- 새로운 전주시 1977년 10월 풍남문
- 1977년 10월 13칸 도로
- 1977년 10월 대정정 3정목에서 1정목 방면
- 1977년 5월 대정정 1정목
- 1977년 10월 전주시청

- 1977년 10월 전주국민학교 교문 언덕길
- 1977년 10월 구 상생국민학교 현재 전주국민학교
- 1978년 5월 전주국민학교 복도

- 1977년 10월 세무서
- 1977년 10월 군청
- 1977년 10월 구 재판소(지금은 보건소)

- 1977년 10월 8일 아침 촬영 명동여관 옥상에서의 전주시
- 1977년 10월 프랑스교회
- 1977년 10월 한벽루에서의 전망
- 1978년 5월 전주국민학교 옥상에서
- 1977년 10월 전주신사(신)에서의 전주시가

- 전주남공립중학교에는 흥아기숙사와 견인기숙사가 있었다. 이는 학교 바로 옆 흥아기숙사에서 수십 명의 학생이 부모 곁을 떠나 숙식을 함께 하며 학교에 다니고 있었다. 사진은 1944년 2월경의 것이다. (신)
- 1941년 4월 전주남공립중학교 초대 교장이었던 곤도 긴시로(近藤錦四郎) 씨가 부산공립중학교로 전임되었다. 전교생이 선생님을 배웅했다. 총수는 5학년부터 1학년까지 모두 5백수십 명이었을 것이다.
- 1941년 4월 전주국민학교 1학년 3반 일동 요시노리(吉全) 교장·오가타(緒方) 선생.
- 1942년 가을 전주국민소학교 2학년 합동학예회 「도깨비 섬(鬼が島)」 출연자 일동, 1978년 5월….
- 33년 만에 방문한 모교. 전주소학교 39기 유지. 하단 중앙은 교장인 조 선생(북중 출신).
- 1978년 5월 한벽루에서 쉬는 양반들

- 1930년경 사모님들의 모임(모리 미사오 씨 제공)
- 전주남공립중학교 1937년 창립되어 1945년 8월 종전으로 폐교까지 불과 8년의 생명이었지만, 붉은 벽돌 2층 건물 당시로서는 근대적이고 산뜻한 교사였다. 현재는 전주상업고등학교로 사용되고 있다고 한다. (신)
- 전주국민학교 40기생(1942년 입학, 종전 당시 4학년) 1942년 1학년 1반(시로야마 씨 제공)
- 40기생의 소식을 조사 중이니, 이 사진을 보시고, 또 가족 분이 계시면 연락주시기를 부탁드립니다. 한바 아쓰시[112] 1942년 1학년 3반(시미즈 씨 제공)

- 전주의 봄은 역시 벚꽃과 함께 온다. 전주남중학교 정문 근처에 있는 젊은 벚나무 너머로 붉은 벽돌 교사와 기린봉이 보인다.

- 덕진공원의 수련
- 덕진호반
- 대한 조경단(1899)
- 전주 특산품
- 전주 농악

위 화보의 주요한 특징은 다음과 같다. 시기적으로 크게 세 개로 나뉘는데, 일제강점기에 촬영된 사진, 전주회 1회(1955)~24회(1978) 대회 기념사진, 1970년대 전주에 방문하면서 촬영하거나 입수한 사진 등이다. 일제강점기에 촬영된 사진의 주요 특징은 일본인이 처음 전주에 정착한 대정정 1정목 부근, 즉 전주 서문 밖으로 지금의 다가여행자도서관 부근의 사진을 시작으로 전주의 주요 건물과 유적, 명소의 사진 등이 실려 있다. 또한, 졸업식, 축제, 기념식 등의 사진도 볼 수 있다. 전주회 기념대회의 사진은 모두 회원의 단체 사진으로 이색적인 것은 23회(1977) 대회부터 해서체로 전주회라고 쓰인 깃발이 보이기 시작한다. 1970년대의 사진은 주로 전주의 주요 건물, 유적지, 명소, 특산품 등 전주의 향토색을 담은 사진이다.

현재 『全州』는 일본국립국회도서관이 전자책으로 제작하여 2022년 5월 31일부터 공개를 시작하였으나, 일본 현지에서만 열람할 수 있다. 다만, 책의 서지정보와 표지 사진을 볼 수 있어, 사토 준이치가 해서체로 쓴 '全州'를 국내에서도 볼 수 있다.

4.『全州』의 주요 내용

『全州』에 담긴 33편의 수필은 크게 6가지로 내용으로 나눌 수 있다. 첫 번째, 전주에서의 유년, 학창 시절, 직장 생활 등의 아름다운 추억을 그린 글이다. 두 번째, 중일전쟁, 태평양전쟁의 전장에 출정해 전주로 귀환하기까지의 과정을 기록한 글이다. 세 번째, 8·15광복의 해방공간에서 일본으로 귀국하기까지와 그 후의 생활을 기록한 글이다. 네 번째, 1970년대 전주를 다시 방문한 과정과 소회를 기록한 글이다. 다섯 번째, 전주의 역사와 문화, 현황 등을 소개한 글이다. 여섯 번째, 임원과 미래의 전주회의 역할에 대해 쓴 글이다. 대표적으로 전주회 임원이 기고한 글의 주요 내용을 소개하면 다음과 같다.

회장 사토 준이치는 「전라북도 전주시」라는 글을 기고했는데, 다섯 번째 사례에 속한다. 그는 전주의 연혁을 고대부터 1963년 행정구역 개편까지 서술하고, 명승고적으로 풍남문, 경기전, 한벽루, 광한루와 춘향묘를 서술하고 음악과 무용, 한국의 독특한 풍속과 널뛰기, 약식 등을 소개하고 있다.

부회장 구로다 히로미쓰오는 「창립 25주년을 기념하며 미래를 생각하다」라는 글을 기고했는데, 여섯 번째 사례에 속한다. 그는 전주회의 취지와 역대 임원 등을 소개하고, 전주회가 한일 양국의 화해와 평화를 위한 민간 외교의 역할에 기여 해야 한다고 제

안하였다.

　부회장 스야마 후지오는 「25주년 기념대회에 즈음하여」라는 글을 기고했는데, 첫 번째, 세 번째, 여섯 번째의 특징이 복합적으로 보인다. 작은 교토와 같은 마을이었던, 전주의 아름다운 자연을 회상하며, 미군 트럭에 실려 일본으로 귀국해, 낯선 고국의 고단한 삶과 전주회가 어떻게든 젊어져야 한다며, 그 방안을 물으며, 글을 맺고 있다.

　간사 오가노 히카리는 「제2의 고향 전주의 추억」이라는 글을 기고했는데, 첫 번째와 다섯 번째 사례에 속한다. "아침저녁으로 울리는 프랑스 교회의 종소리를 들으며 여유롭게 생활했던" 추억을 회상하며, 당시 조선식산은행의 기관지에 전주지점이 기고한 「고전미가 풍부한 전주의 명소와 고적」를 다시 소개하며 재 기고하였다. 이 글은 마치 관광해설사가 설명하는 듯한 문체로 쓰였는데, 다음은 지금의 전주 웨리단길이라 불리는 곳에 대한 설명이다.

> 재즈 소리에 이끌려온 젊은 사람들이 무심코 술집을 순례하다가 시국이 시국인지라 엄중한 시간제한에 쫓겨 붉은 네온사인에 휩쓸려 허겁지겁 돌아가는 모습도 이곳에서만 볼 수 있는 풍경입니다.

　"시국이 시국인지라"는 중일전쟁 중이었던 1939년이란 시대적

배경을 말한다. 그럼에도 불구하고 재즈 소리, 술집 순례, 붉은 네온사인이 켜진, 이곳에서만 볼 수 있는 전주의 가장 변화한 환락가라며 소개하고 있다. 그 행간을 보면 이것은 비판이 아니라, 자랑이고 아련한 추억으로 회상하고 있음을 알 수 있다.

간사 모리야마 노보루는 「전주를 그리다」라는 글을 기고했는데, 첫 번째 사례에 속한다. 처음 전주에 도착한 여정과 풍남문과 남밖장, 전주천, 한벽루, 덕진연못에 대한 추억을 회상하며, 발전한 전주의 모습을 보고 싶어 한다.

간사 이이다 다카시는 「전주의 추억」이라는 글을 기고했는데, 첫 번째 사례에 속한다. 1941년 전라북도 경찰과 위생과에 부임해, 엑스레이 촬영, 세균 검사, 전염병 환자 관리, 직장에서 군사 훈련을 받은 일, 일본의 패전 후 한국인의 도움을 받았던 추억 등을 기록했다.

> 만일의 경우를 위해 우리 가족 4명에게 조선옷을 빌려주었고, 피난 장소도 두 군데 정도 정해 주었다. 아이들은 그 조선옷을 입고 즐겁게 집안을 돌아다니곤 했다. 매일 조선 친구 중 누군가가 집에 와주고 식량 등도 걱정해 주어 조금도 불편하지 않았다.

위와 같은 한국인의 도움을 추억하며, 그는 귀국 전까지 한산한 나날 보냈다고 회상한다.

간사 오가와 요시미쓰는 「추억의 전주」라는 글을 기고했는데,

첫 번째, 두 번째, 세 번째, 네 번째에 속하는 사례가 차례로 쓰여있다.

우리 형제는 전주에서 태어나 소학교, 군대, 결혼, 종전, 그리고 내지 인양 때까지 지냈다. 그리운 전주, 지금은 없는 부모님에게도 일생 중 가장 추억이 깊은 제2의 고향이었다.

그는 전주에서 태어난 일본인으로 전주가 제2의 고향이라고 말한다. 그는 1972년에 다시 전주에 방문한다. 전주회 회장의 편지를 들고 당시 전주시장과 면담을 하는데, 그 여정과 만난 사람을 자세히 기록하고, 이후 전주에 방문할 전주회 회원을 위한 듯 여러 정보를 남겨 놓았다.

간사 후나야마 사니오는 「인양의 추억」이란 글을 기고했는데, 세 번째 사례에 속한다. 그의 글은 1945년 8월 16일 아침부터 시작한다. 이날 그는 전주 상공을 나는 미군 전투기를 보고, 당시 전주국민학교 5학년이었지만, "시정자에서 일거에 패잔자로 전락"했음을 인식한다. 이후 귀국하는 과정과 전쟁으로 황폐해진 일본을 자세히 기록하고 있다. 30년이 지난 1975년에 그는 일본에서 전주소학교 39기생 모임을 만든다.

간사 구라하라 이쿠는 「전주회와 구라하라 노리아키」라는 글을 기고했는데, 여섯 번째 사례에 속한다. 전주회 조직에 주요한 역할을 한 구라하라 노리아키를 회상하는 글이다. 그는 술을 마시면, 한국어로「도라지」를 부르곤 했으며, 대학노트 두 권 분량의 전주 시절 이야기를 기록해 놓기도 했다.

감사 고미야 세이조는 글 대신 1972년 전주에 방문해 촬영한 사진을 기고했는데, 네 번째 사례에 속한다. 그가 촬영한 것은 풍남문, 구 박다옥, 구 전주우편국, 구 조선식산은행 전주지점, 구 요시미야양식점, 전주천, 구 전주소학교 정문, 한벽당 등이다.

5. 맺음말

'전주의 재조 일본인'을 정의하며, 머리말을 열었지만, 고향이란 단어가 총 28번 나오는『全州』만을 놓고 본다면 그들은 '전주가 고향인 일본인'이라고 정의하는 게 더 어울린다. 향후 연구과제를 다음과 같이 제시하는 것으로 맺음말을 대신한다.

『全州』에 글을 기고한 일본인들은 대부분 전주를 고향으로 생각하며, 그리워하고 있지만, 여기에는 양가적 감정이 보인다. 한편으로는 자신이 한국에서도 일본에서도 이방인이라 여긴다. 1970년대 전주에 다시 방문하면서, 이들은 변하지 않는 것들에 기대어 추억하고 감동한다. 그것은 여전히 보존된 학적부, 옛집, 문화유적, 전주의 자연환경 등이다. 전주에 다시 방문하지 못한 회원 중에는 전주의 옛집의 위치를 기록하기도 했는데, 지도를 놓고 찾을 수 있을 정도로 구체적이다. 전주를 다시 찾는 것을 망설이기도 한다. 모든 게 변하고, 아는 사람도 이제는 존재하지 않을 거란 생각에서다. 그렇기에 이들은 전주가 변하지 않기를 바라면서도, 고향 또는 제2의 고향인 전주가 큰 도시로 발전하기를 기원하는 양가적인 감정을 보인다.

8·15광복 후 인양되었다는 그들의 표현처럼, 한반도에서 일본으로 이주한 이방인으로 살아가는 이들의 삶은 고단했던 것으로 보인다. 그럼에도 이런 삶을 극복할 수 있었던 것은 전주에서의 삶이 있었기 때문이라고 말한다. 이것 역시 양면적으로 읽을 수 있는데, 그들이 말하는 전주에서 아름다운 추억이 있었기 때문이라고 읽을 수도 있고, 전주에서의 이방인의 삶을 이미 경험해 봤기 때문에 극복할 수 있었다고 읽을 수도 있다. 이렇게 현실을 대하는 방식이 『全州』에는 모두 등장한다. 이도 저도 갖지 못한 이방인, 경계에 서 있는 사람으로 자신의 삶을 평가하는 사람도 있지만, 한국문화와 일본문화를 아무런 배타적 감정 없이 수용할 수 있는 모두를 다 가진 사람으로 자신의 삶을 평가하기도 한다.

『全州』에서 한국인은 주로 두 시기에 등장한다. 하나는 해방공간이고 다른 하나는 1970년대 한국 방문 과정에서 만난 사람이다. 전자는 귀국길에서 도움을 받았던 일, 한국 관원의 검문과 압수, 난민촌에 음식을 팔러 온 아이 등으로 대부분 식량과 관련이 있다. 오가와 요시미쓰는 "인양이 결정되면서 지금까지 교제해 온 조선인 자경단의 태도가 오만해졌다"라고 해방공간에서의 기억을 서술하기도 했다. 그는 "한국인의 질타와 개개인의 친절을 뼈저리게 느끼고 있다"는 양가적 감정으로 당시의 상황을 회상한다. 이후 그가 1970년대 전주에 방문하며 만난 한국인에게서도 이런 감정을 읽을 수 있다. 그것은 일제에 대한 원망과 경제 대국이 된 일본의 원조에 대한 기대가 공존해 있다.

그들은 표면적으로는 고향에 대한 그리움과 식민 지배의 죄책감과 부채 의식을 가지고 있지만, 내면적으로는 여전히 우월한 의식 속에서 식민 지배를 통해 발전시켰다고 자부하는 자신의 고향 전주, 자신이 성장한 전주에 대한 그리움을 가지고 있다. 그들을 맞이하는 한국인은 이제는 빚을 갚으라며 마치 채권자처럼 말하지만, 그 안에는 경제 대국이 된 일본에 대한 다른 기대와 감정이 숨어 있다. 비판의 여지가 있지만, 『全州』에 등장하는 무용극 「자명고(自鳴鼓)」의 소재, 영화 「색계」 등은 이런 이율배반적 감정에 대해 비교적 잘 표현한 작품이다. 이러한 양가적이고 이율배반적 정서에 대한 분석, 『全州』와 동시대 전주 토박이의 구술을 기록한 『전주 근대생활 조명 100년』 제1~2권[113] 과의 비교 분석, 『全州』 회원 472명의 일제강점기 직업 분석 등은 향후 과제로 남겨 놓는다.

역자 후기

처음 『全州』를 알게 된 것은 2006년경으로 『전주 근대생활 조명 100년』 제1~2권을 발간하기 위한 기획편집 업무를 맡아 일하고 있었다. 이 책은 전주 토박이의 구술로 전주의 근현대사를 재구성한 책이다. 지금도 기억에 남는 일은 이 전주 토박이에 대한 정의를 하는 것이 업무의 시작이었는데, 전주에서 태어나 2006년 현재까지 전주에서 살고 있는 80대 이상의 어르신을 전주 토박이로 정의했던 거 같다. 전주시 행정동 각 동의 도움으로 이에 해당하는 어르신의 명단과 연락처를 입수할 수 있었다. 한 분 한 분 전화를 했는데, 놀랍게도 이 조건에 해당하는 분이 거의, 아니 한 분도 없었던 것으로 기억한다.

그럼에도 불구하고, 여러 노력 끝에 146분 이상의 어르신의 구술을 담아 낼 수 있었다. 전주 사회 각층의 구술과 기록을 균형 있게 담기 위해 심혈을 기울인 장명수 전주문화재단 초대 이사장의 강한 의지가 없었다면 불가능한 일이었다. 그것은 해방 공간에서의 좌·우익 활동, 그리고 전주의 근대생활에 대한 일본인의 기록을 담는 것이었다. 이것은 말처럼 쉬운 일이 아니었다. 이때 『全州』의 33편의 수필 중 일부 내용이 『전주 근대생활, 조명 100년』 제1권에 장명수 이사장의 편역으로, 여섯 쪽에 걸쳐 수록되었다.

이후 후속 연구를 해보라며, 『全州』의 복사본을 주셨는데, 책장에 꽂아둔 책을 언제가 다시 읽고, 정리하려던 마음의 시간이 하루하루 쌓여, 20년 가까운 세월이 지나버렸다. 다시 『全州』를 손에 들게 된 것은 2024년 3월이었다. 그 계기는 나란히 꽂아둔 로버트 단턴의 『고양이 대학살』을 다시 읽으면서다. 당시에 구술을 기록하고, 편집하며, 화병에 걸린 듯 스트레스를 받았는데, 그 이유를 알게 된 것은 권희영 교수의 『한국사와 정신분석』이란 책 덕분이었다. 함께 꽂혀 있던 책들을 펼치며 잊었던, 숙제가 다시 기억났다.

『全州』의 번역은 마음처럼 쉽지 않았다. 손에 잡으면 금방 끝날 것 같았던, 번역 작업은 직장생활을 병행하며, 1년이 꼬박 걸렸다. 단어마다 충실하게 주석을 달고, 원문에 가까운 번역을 위해 단어를 이리저리 굴리고 싶었지만, 끝이 날 것 같지 않아, 이쯤에서 마침표를 찍는다. 『全州』에서 나오는 인명을 찾아보고, 지금은 전주 웨딩거리의 어디쯤일지 산책하며, 홀로 생각에 빠져들다 보면 시간가는 줄 모르는 즐거움이 있었다. 책장에는 『全州』와 함께 받은 신호 선생의 『아빠의 일기장』이 꽂혀있다. 전주의 근현대 인물의 사회생활상이 담겨 있는 희귀한 책이다. 후속 연구를 다짐하며, 글을 맺는다.

2025년 8월

김창주

찾아보기

지명 상호

38선 – 30, 33, 34, 35, 36, 40
39회 – 66, 115, 172, 209

ㄱ

가고시마현(鹿児島県) – 25, 67
가나가와현(神奈川県) – 48, 109
가네가부치(鐘ヶ渕) – 196
가루타 – 99
가모가와(鴨川) – 187
가세(加瀬) – 17, 64, 122, 126
가쓰라야(かつらやさん) – 90
가와무라(河村)양품 – 16
가와사키(かわさき)악기점 – 17
가칸로(雅観楼) – 194
가타쿠라(片倉) – 160, 196
간다(神田) – 5, 204
간로(かんろう, 통칭 15번) – 17
간몬(関門) – 113
간자키(神崎) – 52
강원도 – 166
개성 – 35, 36, 37
경기도청 – 41
경기전(慶基殿) – 19
경성 – 21, 27, 29, 41, 174, 184, 187, 191

경성약전 – 21
경성일본인회 – 40
경성전매본국 – 25
고레나가(是永)문구 – 16
고미야(古宮)시계점 – 17
고미야(小宮)시계점 – 162
고사정(高砂町) – 18, 28, 49, 96, 97
고야마(小山) – 78
고토나(後藤や)과자 – 17
고후지(小富士) – 29, 194
고후지요정(小富士料亭) – 97
광한루 – 138, 139, 214
교토 – 56, 75, 77, 107, 134, 187, 215
구노대서인(久野代書人) – 157
구루메(久留米) – 51
구마모토(熊本) – 26, 176
군산 – 6, 27, 45, 75, 100, 101, 144, 179, 180
규단(九段) – 81
규슈(九州) – 49, 52
금산(錦山) – 100
기노시타(木下) – 95, 100
기라(吉良)여관 – 16
기린봉 – 105, 175, 181, 202, 209, 213
기쿠스이(菊水) – 194
기쿠치(菊池)병원 – 54
기타큐슈시(北九州市) – 170
길야산 – 162, 164, 181, 190

김포공항 - 66, 150

ㄴ

나가사키현 - 146
나라(奈良) - 90
나카시바(中柴)상점 - 17
난민수용소 - 35
난바(灘波) - 86
남고산 - 67, 133, 181, 182, 203
남문 - 45, 66, 80, 85, 100, 146, 185, 187, 210
남방 - 51, 148, 160
남선합동전기 - 179
남원경찰서 - 43
네리마(練馬) - 90
노몬한 - 146
노송정 - 15, 67, 82, 105, 117
뉴기니 - 50, 145, 148
니가타현(新潟県) - 88

ㄷ

다가정(多佳亭) - 25, 54
다마루(田丸)서점 - 122
다목비료(多木肥料) - 75
다무라(田村) - 78
다이쇼도(大正堂)서점 - 16
다이쇼모치(大正餅) - 16
다카하시(高橋) 치과 - 16
다테다(立田) - 26
당진(唐津) - 147
대궁교(大宮橋) - 17, 152

대념사(大念寺) - 54, 154
대전 - 27, 32, 75, 100, 115, 151
대전중학교 - 50
대정정(大正町) - 16, 54, 64, 99
덕진(德津) - 19, 196
데즈카(手塚)주점 - 156, 160
도립병원 - 24, 41, 68, 96, 97, 99, 109, 134, 157, 210
도립전주의원 - 42
도모에야(トモエヤ)잡화점 - 17
도미타 쉐보레(富田シボレー) - 54
도지사 관사 - 54
도청 - 28, 43, 48, 67, 78, 98, 99, 100
도쿄(東京都) - 12, 20, 30, 41, 45, 55, 81, 102, 128, 133, 142, 166
동산촌 - 103
동아연초회사(東亜煙草会社) - 75
두산 - 181

ㄹ

라이징선(ライジングサン) - 75
람팡 - 51
뤼순 - 146

ㅁ

마루모리(丸森) - 115
마루야마(丸山)포목점 - 17, 22, 64, 122, 128
마루야(マルヤ) 양품 - 16

마쓰나미(松波)사진관 − 143
마쓰모토 산요엔(松本山羊園) − 81
마쓰모토(松本) − 67, 143, 155
마쓰야마(松山) − 43
마쓰야마시(松山市) − 100
마츠오타이요오도오(松尾太陽堂) − 79
마키무라(牧村)문구점 − 17
만주 − 33, 34, 85, 115, 140, 145, 186, 192, 194
말레이 − 145, 147
모악산 − 14, 181, 198
모지(門司) − 45, 113
목천포 − 20
목포 − 27, 45, 74, 75, 144
무덕전 − 78, 145, 157, 193
무라오카(村岡)신문 − 16
미야기현(宮城県) − 69, 115
미야자키(宮崎)재목점 − 94, 156, 162
미에현(三重県) − 73
미하토(ミハト) − 194

ㅂ

박다옥(博多屋) − 54, 122, 194
버마 − 50, 51
베이징 − 21
베트남 − 40
본정(本町) − 54, 76
부청 − 16, 79, 134, 182, 183
비사벌 − 182
비아프라 − 40
비자화 − 182

ㅅ

사가(佐賀) − 52
사리원 − 35
사사키(佐々木)약국 − 17
사세보(佐世保) − 39, 85, 147
사이타마(埼玉) − 90
사토도자기(佐藤陶器) − 16
산세(三世)병원 − 16
산업장려관 − 175, 193
산페이(三平) − 194
삼례 − 25, 103, 198
삼례주점(參礼酒や) − 16
삼조통(三条通) − 74
삽학정(挿鶴町) − 105
상관면 − 188
상생초등학교 − 211
소메이케(染池) 씨의 여관 − 16
송광사 − 138
수사영 − 146
슈젠지(修善寺) − 70
스야마(陶山) − 17, 103, 122, 162
스에키(末喜) − 54, 194
스탠다드(スタンダード) − 75
승엄산 − 181
시가현(滋賀県) − 129
시계(茂)시계점 − 17
시모노세키(下関) − 113
시모오카(下岡) − 152
시베리아 − 33, 60, 140
시초오(し長) − 155
신리 − 188
신바시역(新橋駅) − 102

신태인 − 20
신흥학교 − 28
쌍전사(双全寺) − 53
쓰치야(土屋)양복 − 16

ㅇ

아리타(有田) − 147
아사노(浅野)철물 − 17
아사히신문 − 115
아소(阿蘇) − 26
아오노도몬(青の洞門) − 6
아와야 − 122
아키코(朋子) − 94
안남도호부 − 136
야노(矢野)포목점 − 17
야마가타(山形) − 90
야마구치(山口) − 23, 113
야마시(ヤマシ)양복점 − 16
야소병원 − 20
야쓰쇼쿠도오(奴食堂) − 194
에도가와(江戸川) − 194
에비스(エビス) − 54
에히메현(愛媛県) − 85, 92
여수 − 67, 179
영원보통학교 − 118
오기(大木)철물점 − 16
오목대 − 14, 25, 48, 56, 104, 133, 144, 159, 175, 184, 210
오사와(大沢)여관 − 96
오사카 − 64, 71, 108, 114, 160
오송(呉松) − 146
오슈(大州) − 99

오쓰쵸(大津町) − 26
오오하시(大橋)서점 − 17
오이타현(大分県) − 117
오자키신발(尾崎はきもの) − 16
오카모토(岡本)신발 − 17
온주(温州) − 147
와카노이(若乃井) − 197
완산칠봉 − 181
요네다야(米田屋) − 16
요시미야(吉見屋) − 100, 194
요시타니(吉谷)주점 − 16, 23
요코하마 − 149, 153, 206
용진주조합자회사 − 188
우라가(浦賀) − 51
우시지마구미(牛鳥組) − 156
우에다(上田)양품 − 16
우전(雨田)면 − 19
원산 − 20, 23
원잠종제조소 − 95, 101, 196
원주 − 122
위생과 − 41, 208, 216
유라쿠초(有楽町) − 51
이리 − 6, 20, 27, 50, 137, 179
이마리(伊万里) − 147
이바라키현(茨城県) − 126
이사소(取締所) − 98
이시가와(石川)식당 − 17
이우치(井内)철물 − 17
이즈노(伊津野) − 122
이즈모(イヅモ) − 194
이즈미야(泉屋) − 93
이즈미(和泉) − 5, 204
이질 − 42

이초오여관(銀杏屋) - 76, 123, 155, 198
일심당(一心堂)병원 - 16

ㅈ

자노메미신(蛇の目ミシン) - 17
잠업취체소 - 93, 99
재향군인회 - 57, 71, 157, 160, 205
전라북도청 - 41, 183, 192, 209
전북대학교 - 6, 105, 205
전북면자주식회사 - 188
전북상품진열소 - 179
전북신보(全北新報) - 69
전북일보 - 6, 54, 95, 100, 109, 124, 147, 155, 156, 159, 163, 195, 210, 211
전북제사 - 67, 71
전북철도주식회사 - 67
전주경찰서 - 42, 210
전주고녀 - 42, 81, 135
전주고등학교 - 105, 118
전주공회당 - 124, 179
전주교도소 - 178
전주교육대학교 - 105
전주무진주식회사 - 195
전주병원 - 24
전주북중 - 30, 103, 105, 178
전주사범학교 - 105, 188
전주상공회의소 - 195
전주소방서 - 67
전주신사 - 16, 65, 67, 94, 101, 123, 133, 148, 189, 209, 210, 212

전주역 - 18, 54, 67, 92, 104, 111, 134, 145, 152, 177, 178, 209, 210
전주우체국 - 180
전주전매지국 - 25, 122
전주천 - 56, 64, 65, 66, 80, 127, 133, 152, 162, 164, 175, 176, 181, 187, 188, 209, 210, 216, 218
전주초등학교 - 211
전주측후소 - 178
정수장 - 188
제국관 - 18, 194
제주도립병원 - 21
조선상업회의소 - 75
조선식산은행 - 12, 207, 215, 218
주산(舟山) - 146
주천(酒泉) - 194
즈보라당(ズボラ堂) - 122, 162
즈하라당 - 17, 28
지바시(千葉市) - 173
지지와(千々石) - 146

ㅊ

청석동 - 104
청수정(淸水町) - 69
초포 - 105

ㅌ

탱구당(テング堂)과자 - 16

ㅍ

팔방당(八方堂)약국 - 16, 20
평양 - 31, 34, 37, 40, 126, 191
평양이중 - 30
포츠담(ポッタム) - 51
풍남문 - 45, 46, 138, 157, 159, 186, 211, 214, 216, 218
풍남정(豊南町) - 23
프랑스 교회 - 12, 80, 159, 175, 185, 215

ㅎ

하네다(羽田) - 116
하세가와 - 17, 64
하야시(林吳)포목점 - 16
하야시우오야(林魚や) - 17
하카타(博多) - 44, 52
학도원후회 - 40
학무과 - 41, 93
한벽루(寒碧楼) - 19
한일관(韓一館) - 102
헌병대 - 113, 183
현해탄 - 112
호남선 - 67, 75, 100, 161
호소카와(細川)문구점 - 157
화산 - 88
화원정 - 111, 157
후지산 - 70, 150, 174
후지야(富士屋) - 194
후지와라(藤原)치과 - 160
후지타(藤田)신발가게 - 16

후쿠시마현(福島県) - 122
후타바 가게(二葉屋さん) - 93
히로시마 - 114, 148
히메야잡화점(ヒメヤ小間物) - 16
히메지(姫路) - 23
히에이잔(日叡山) - 73

인물

ㄱ

가게야마(景山) - 155
가네모리(金森) - 99
가네모리 슈이치(金森秀一) - 71
가라우(唐牛) - 28
가모리 지에코(香森智恵子) - 81
가세 키미(加瀬キミ) - 171
가스야(粕谷) - 100
간니시키(干錦) - 78
겐로쿠(源六) - 50
고가미노 료(小神野両) - 78
고미야 세이조(古宮精三) - 201, 207
고미 잇페이(五味逸平) - 78
고바야시 지테쓰(小林致哲) - 21
고야마 도시히데(小山利英) - 130
곤도(近藤) - 103
곤도 긴시로(近藤錦四郎) - 212
구도 미키치(工藤見吉) - 92
구라타(倉田) - 15
구라하라 노리아키(倉原範顕) - 5, 29, 55, 167, 208
구라하라 이쿠(倉原郁) - 55, 207
구로기(黒木) - 86

228 조선에 전주가 있다

구로다 지키스케(黒田吉助) - 60
구로다 히로미쓰오(黒田䁌三男) - 166, 207
구메 시즈히코(久米静彦) - 67
구보쓰(窪津) - 100
구보 케이코(久保桂子) - 170
구보타(久保田) - 147
권기동 - 93
기가(気賀) - 143
기노시타 다가시(木下孝) - 155
기미이사무(君勇) - 97
기사누키 히로요시(木佐貫浩吉) - 26
기쿠난지(規矩爾) - 78
기타모토 마쓰오(北本松雄) - 68, 205
기타무라 이치오(北村一夫) - 211

ㄴ

나가노(長野) - 86
나가마쓰(永松) - 13, 177
나가시마(長嶋) - 86
나가이 소로쿠(永井総六) - 122
나스 - 211
나오요시(直義) - 76
나이키 야스요(内記安代) - 14
나카가와(中川) - 16
나카네 노리(中根範) - 122
나카노(中野) - 103
나카지마 긴주쿠(中島金束) - 162
노기지세이(禾自生) - 50
노무라(野村) - 23
니시무라(西村) - 100
니시타니 히로시(西谷弘) - 108

ㄷ

다나카 나카 - 211
다나카(田中) - 99, 146
다시로(田代) - 76, 155
다오카(田岡) - 86
다자이 오사무(太宰治) - 174
다카코(隆子) - 50
다카히라 마사노리(高平正典) - 49
다케무라(竹村) - 78
도기타(時田) - 172
도미후지 다쓰노케(富藤辰之助) - 90
도야마(富山) - 82
도요타(豊田) - 152
도요토미 히데요시 - 138
도이 죠스케(土井長助) - 123
도조 히데키(東條英機) - 88
도코(都子) - 94
도쿠토미 로카(德富蘆花) - 12
도타(土田) - 86

ㅁ

마루야마(丸山) - 17, 22, 64, 122, 128
마사노리(正範) - 58
마사코(公子) - 64
마스다(増田) - 100
마쓰나미 지카이(松波千海) - 124
마쓰모토(松友) - 86
마쓰모토 후쿠이치(松本福市) - 156
마쓰세(松瀬) - 152
마에다(前田) - 97
모리 미사오 - 128, 212

모리(森) - 98
모리야마 노보루(守山昇) - 45, 129, 207
모리야마(森山) - 86
모토무라(元村) - 155
무라카미(村上) - 22
미네오(節雄) - 50
미노 기치(美濃吉) - 75
미요시(三好) - 86
미우라(三浦) - 100
미즈카미 히로시(水上洋) - 173

ㅂ

박정웅 - 153, 165
빅토르 - 32

ㅅ

사사키 게이지(佐々木圭治) - 77, 78
사사하라(笹原) - 144, 162
사카가미 사다노부(坂上貞信) - 75
사카키바라(榊原) - 102
사쿠라이(桜井) - 93
사토 에이키치(斎藤栄吉) - 117
사토 준이치(佐藤準一) - 5, 136, 167, 206, 207, 208
센다(千田) - 129
쇼사키(正崎) - 98
수당문(秀堂門) - 162
스야마(陶山) - 17, 103, 122, 162
스야마 후지오(陶山不二男) - 133, 207
스즈키 다카오(鈴木孝雄) - 160
스즈키 이세지(鈴木伊勢治) - 78

시게루 아리요시(茂有義) - 21
시게(シゲ) - 50
시노기 히데오(篠木英雄) - 85
시라오 구니요시(白尾国義) - 25
시로야마 - 212
시미즈 아쓰코(志水敦子) - 64
시즈카와(静川) - 100
신 아쓰로(秦敦朗) - 108
신코(伸子) - 50
쓰루쿠(鶴久) - 144
쓰보치 보(坪内某) - 78
쓰지(辻) - 98

ㅇ

아다치(足立) - 148
아라키 겐지(荒木原二) - 26
아리마쓰 시게키(有松茂喜) - 126
아베(阿部) - 78, 144
아베(安部) - 155
아시다테(芦立) - 124
아시다(芦田) - 100
아오야마 요시오(青山圭男) - 140
아즈마다(東田) - 86
아키요시(秋吉) - 153, 160
아키코(昌子) - 58
야마기시(山岸) - 98
야마다 히코로(山田彦老) - 77
야마모리 - 211
야마모토 에쓰조(山本悦藏) - 67, 162
야마시타(山下) - 83
야오(安尾) - 146
야스타케(安武) - 143, 152

에에지지 − 88
오가노 히카리(小神野光) − 12, 207
오가와(小川) − 53, 54, 135, 143
오가와 신사쿠(小川新作) − 142
오가와 요시미쓰(小川義光) − 142, 207
오가타(緒方) − 16
오노(小野) − 21
오쓰보(大坪) − 162
오오키 류이치(大木竜一) − 78
오자키 가쿠토(尾崎咢堂) − 73
오카자키 − 77
오타니(大谷) − 144
오타 다케오(太田猛夫) − 85
오타(太田) − 100
와카야마 마키미즈 − 173
와타나베 게이(渡辺競) − 69
와타리(渡利) − 93
요시다(吉田) − 15, 82, 144
요시오카 미우라(吉岡三浦) − 26
요시타니 겐키치(吉谷源吉) − 78
요시히로(好宏) − 96
요코야마(横山) − 147, 148
요코야마 다쓰오(横山辰雄) − 129
우라가와(浦川) − 95
우시지마(牛島) − 153, 160
우에다(植田) − 98
우치노(内野) − 144
유(柳) 선생 − 18
유심평(柳心平) − 24
유키요시(雪吉) − 100
이가라시(五十嵐) − 71
이노우에(井上) − 143
이민조(李旻照) − 24

이백수 − 152
이사무(功) − 97
이스미(亥角) − 123
이이다 다카시(飯田隆) − 41, 207
이철승 − 105
이치백 − 156, 165
이치하라(市原) − 153, 155, 160
이케다 데이코(池田悌子) − 88
이케다 야스케(池田弥助) − 26
이토 노리오(伊藤憲郎) − 166, 206
이토(伊藤) − 22, 143, 155

ㅈ

자이젠(財前) − 16
장 이토리(オサいとり) − 49
장(長) − 123
젠카이(禅海) − 6

ㅊ

최월당(崔月塘) − 138
취향정(醉香亭) − 161

ㅎ

하가 분조(芳賀文三) − 25, 29, 166, 206
하가 시즈카(芳賀静) − 48
하라다 간니치(原田勘一) − 26
하루에(春枝) − 64
하루오(晴夫) − 50
하마모토(浜本) − 143
하세가와 도미코(長谷川富子) − 64

하시구치(橋口) - 86
하시모토 신타(橋本眞太) - 26
한바 아쓰시(半場厚) - 30
허점봉(許点奉) - 102
헤이지마(平島) - 86
헤이하치로(平八郎) - 23
호리 가즈마(堀一馬) - 20
혼다 쓰카사(本田司) - 28
후나야마 사니오(船山參男) - 109, 207
후미코(富美子) - 58
후지에다(富士枝) - 56
후지타니(藤谷) - 85, 86
후쿠오카 히데마로(福岡日出磨) - 52
후쿠이(福井) - 100
히가시시마 덴파치(東島伝八) - 26
히데코(康子) - 50
히와타시 이에사카에(樋渡家栄) - 78

기타

DDT - 113
JOAK - 125

ㄱ

가야금 - 140
가지 - 69
감자 - 70, 103
건빵 - 38
결핵 - 41
경편철도 - 67
고구마 - 37, 69
궁도 - 77, 78, 80, 98, 180
그라운드 - 109, 196

기생 - 140, 174, 189
기와 - 118, 131, 156, 178

ㄴ

나막신 - 15, 124, 144, 162
널 - 141

ㄷ

담배 - 77, 154, 156, 168
도라지 - 57, 140, 218
돗자리 - 33, 46
동학 - 181
떡 - 66

ㄹ

라미(ラミー) - 196
로스케 - 31, 32, 39

ㅁ

마작 - 26, 97
막걸리 - 43
명태 - 66, 87

ㅂ

바둑 - 98
바라크 - 114
버섯 - 127, 130, 131
벚 - 19, 46, 56, 64, 68, 138, 147, 159, 182, 187, 188
봉안전 - 158

ㅅ

상륙작전 – 146
송근유 – 43
수양단(修養団) – 123
스케이트 – 126, 127

ㅇ

아리랑 – 140
아버지 – 18, 20, 21, 22, 30, 33, 50, 52, 74, 76, 77, 99, 103, 110, 129, 131, 132, 142, 148, 154, 157
아스피린 – 34
약령시 – 191
약식 – 141, 214
어머니 – 34, 36, 43, 45, 50, 53, 60, 64, 75, 79, 80, 82, 93, 95, 103, 110, 111, 128, 129, 143, 154, 160
어병 – 127
엑스레이 – 41, 216
연꽃 – 47, 64, 101, 105, 133, 161, 197, 198
엿 – 66
오토바이 – 100, 101
요곡(謠曲) – 99
요이사 – 123
우유 – 36
이명주 – 141
인력거 – 67, 162

ㅈ

자경단 – 149, 219
자명고 – 140, 220
자전거 – 97, 100, 101
잣 – 66, 141
장티푸스 – 33, 34, 38, 39, 40, 42
전주팔경 – 138
전투기 – 109, 217

ㅊ

채금선 – 198
초가집 – 47

ㅋ

콩깻묵 – 33
콩나물 – 47

ㅌ

탁구 – 98
테니스 – 190
토마토 – 36, 69
통조림 – 37

ㅎ

항공모함 – 39
호박 – 69

미주

1) 전라북도 산업부 농촌진흥과에서 재직(1940~1942)했다.
2) 1979년이 전주회의 창립 25주년이다.
3) 일제의 강점은 1910년부터이지만, 글쓴이는 1907년부터라고 말하고 있다.
4) 전주한옥마을에 위치한 전동성당을 말한다.
5) 생활통지표를 말한다.
6) ズボラ堂으로 추측된다.
7) 전주향교를 말한다.
8) 「조선총독부 관보」에 의하면 1935년 약제사 시험 실지 시험 합격자로 기록되어 있다.
9) 원문에서는 목세포(木洗浦)되어 있으나, 목천포로 수정하였다.
10) 전주예수병원을 말한다.
11) 전주사범학교를 말한다.
12) 관립경성사범학교를 신설(1921)하고 수석 교유로 취임, 경성의학전문학교 교수를 겸임하였다. 대구공립고등보통학교 교장(1928), 전주사범학교 교장(1936) 등으로 재직했다.
13) 동양척식주식회사를 말한다.
14) 유승국(1921~?)은 태극기 사건으로 전주사범학교에서 퇴학을 당한 뒤, 도항증을 위조해 일본으로 건너가 1942년 의학전문학교에 입학한다. 해방 후 이리병원, 전주의 성모병원, 적십자병원 등에서 근무했고, 이후 전주 오거리에서 개원한다. 그의 일화는 다음 책에 각각 실려 있다. 장명수, 2008, 『일제의 전주 침탈과 식민시대 구술실록: 1907~1945』 전주: 전주문화재단, 96~99쪽과 장명수, 2009, 『전주의 8·15해방과 6·25전쟁 격동시대 구술실록: 1945~1960』, 전주: 전주문화재단, 535, 601~604쪽.
15) 운동장을 말한다.
16) ズボラ堂으로 추측된다. 1931년 「전주안내도」에는 壽保羅堂으로 표기되어 있다.
17) 원문에는 末吉로 기록되어 있으나, 末喜의 오자로 추측된다.
18) 1979년 현재 中外製薬(株)에서 재직하고 있다.
19) 아프리카 서부를 말한다.
20) 1930년 의사 면허를 취득하고, 전북 경찰부 위생과 위생기사(1941), 전북 경찰부 도기사(1943)로 재직했다.

21) 전북 내무부 농무과 산업기수(1926), 전북 산업부 도기사(1943) 등으로 재직했다.
22) 전주회 3대 회장 芳賀文三의 아내다.
23) 1979년 현재 佐賀酒類販売(株)에서 재직하고 있다.
24) 1931년 「전주안내도」에 이 집은 高平源六로 표기되어 있다.
25) 대만의 도시이다.
26) 全州製絲(株)의 이사로 재직했다.
27) 남편을 아빠라고 부르고 있다.
28) 무장보통학교(1937), 무장제1심상소학교(1939), 칠보심상소학교(1940), 칠보국민학교(1941) 등에서 훈도로 재직했다.
29) 전주회 회원명부에 의하면 전주에서 전매국에 재직한 것으로 보인다.
30) 전라선을 호남선으로 착각한 것으로 보인다.
31) 대정정 3정목의 전주우편국을 말하는 것으로 보인다.
32) 원문에는 山本悅義로 표기 되어 있다. 山本悅藏의 오자로 보인다. 그는 1905년 군산항해벽부두공사 총감독으로 조선에 와서, 1908년 한국정부의 요청으로 전주성 벽취제 및 시가도로 공사를 하기 위해 전주로 이주한다. 1914년 전주자동차주식회사, 1923년 호남총포화약주식회사를 창립했다. 전주일본인회 평의원, 전주학교조합 의원, 관선전주면상담역, 전주면협의 회원, 전라북도 평의회원, 전라북도 도회의원 등을 역임했다. (국사편찬위원회 누리집, 근현대인물자료 참조)
33) 전주에서 1938년 旭農蠶具(株)의 이사로 재직했다. 전주회의 초대 회장이다.
34) 함흥제1보통학교(1935), 황등욱국민학교(1942) 등에서 훈도로 재직했다.
35) 전주전매지국 직할판매소 이리 소장(1934)으로 재직했다.
36) 比叡山을 말한다.
37) 가네모리는 다이쇼 23년으로 기록했으나, 문맥을 고려해 다이쇼 3년으로 수정하여 번역하였다.
38) 부윤이 아닌 군산토지조합장을 역임한 것으로 보이며, 『인사흥신록』을 보면 토지조사위원을 역임했다.
39) 가네모리는 쇼와 4년으로 기록했으나, 문맥을 고려해 다이쇼 4년으로 수정하여 번역하였다.

40) 朝鮮煙草元捌株式會社를 뜻하는 것으로 추측되며, 고려대학교 세종학술 정보원에 『朝鮮煙草元捌株式會社誌』가 남아 있다.
41) 朝鮮煙草元捌株式會社의 직원 또는 관련인의 회의로 추측된다.
42) 내연녀와 내무부장의 소원한 관계를 은유적으로 표현한 것으로 추측된다.
43) 대구지방재판소 판사(1908), 전주지방법원장(1930) 등으로 재직했다.
44) 전주소학교 훈도로 재직했다.
45) 전북 정읍군 내무과장(1938), 전북 전주부 내무과장(1942) 등으로 재직했다.
46) 30여 년의 오기나, 또는 昭和 50년으로 추측된다.
47) 원문에는 茂末로 표기, 茂朱의 오기로 추측된다.
48) 원문에는 錘安로 표기, 鎭安의 오기로 추측된다.
49) 원문에는 重堤로 표기, 金堤의 오기로 추측된다.
50) 오사카의 지명.
51) 전북 완주군 산업기수(1942)로 재직했다.
52) 都子를 말한다.
53) 원문에는 太生町으로 되어 있으나, 상생정으로 수정하였다.
54) 肇慶殿으로 기록했으나 조경묘로 옮겼다.
55) 梧木亭으로 기록했으나 오목대로 옮겼다.
56) 현 서학동이다.
57) 소화51년을 뜻하는 것으로 추측된다.
58) 1979년 현재 日本合成樹脂에서 재직하고 있다.
59) 전주심상고등소학교(1938) 훈도, 영원심상소학교(1940) 교장 등으로 재직했다.
60) 全州煙草元売捌(株)의 支配人으로 재직했다.
61) 홍성덕 외 역, 2009, 『국역 전주부사』, 전주: 전주부사국역편찬위원회, 461~462쪽에 전주와 완주 지역 수양단에 관한 기사를 볼 수 있다.
62) 이스미 나카조(亥角仲藏)는 조선총독부 관보 제2700호 1921년 8월 5일 전라북도 지사로 敍任・辭令을 받았다. 홍성덕 외 역, 2009, 『국역 전주부사』, 전주: 전주부사국역편찬위원회, 462, 638, 773쪽에 이스미 지사에 대한 기사를 볼 수 있다.
63) 부모가 전주에서 ズボラ堂菓子店을 운영했다.
64) 1979년 현재 日本ノーベル印刷(株)에서 재직하고 있다.
65) 밀가루를 말한다.
66) 전주에서 陶山魚店을 운영했다.

67) 원문에는 '전'자가 빠져 있어, 추가하였다.
68) 최남선의 『尋春巡禮』와 비교해 볼만 하다.
69) 원문에는 崔月唐으로 쓰여 있어 수정하였다.
70) 全羅監察使로 쓰여 있으나, 전라관찰사로 옮겼다.
71) 吏者로 쓰여 있으나, 史者의 오자로 추측된다.
72) 1979년 현재 浜辺建設㈜에서 재직하고 있다.
73) 1905년 9월에 정전한 러시아와 일본의 무력 충돌 사건을 말한다.
74) 청나라 북양함대의 주둔지를 말한다.
75) 소화21년으로 기록했으나, 1945년으로 정정하였다.
76) 菊池와 같은 병원으로 추측된다.
77) 원문에는 北野이나, 北本으로 옮겼다.
78) 전주전매지국 대전출장소 금산 소장(1931), 전주지방전매국 예산출장소 소장(1942) 등으로 재직했다.
79) 北本校雄으로 쓰여 있으나, 北本松雄으로 번역하였다.
80) 원문에는 歷吏로 쓰여 있으나, 역사로 옮겼다.
81) 1979년 현재 理建工業㈜의 사장으로 재직하고 있다.
82) 기린봉의 오기로 추측된다.
83) 이 글에 수록된 전주천 전경, 전주역, 식산은행 전주지점의 전경과 실내, 경기전. 전주신사, 산업장려관, 덕진공원 등 9장의 사진은 생략하였다.
84) 식산은행 직원을 뜻한다.
85) 원문에는 全州地方院으로 쓰여 있으나, 전주지방법원으로 번역하였다.
86) 조선식산은행의 전주지점을 뜻한다.
87) 동학교도를 뜻하는 것으로 추측된다.
88) 1907년 중일전쟁을 뜻한다.
89) 한 달을 열흘로 3번 나누었다는 뜻이다.
90) 원문에는 平壞으로 쓰여 있으나, 평양으로 옮겼다.
91) 본문에는 高敝燒였으나, 高敞燒의 오기로 추측된다.
92) 소화14년(1939) 1월 25일을 뜻하는 것으로 추측된다.
93) 홍성덕 외 역, 2009, 『국역 전주부사』, 전주: 전주부사국역편찬위원회, 288쪽.
94) 홍성덕 외 역, 2009, 『국역 전주부사』, 전주: 전주부사국역편찬위원회, 141쪽.
95) 홍성덕 외 역, 2009, 『국역 전주부사』, 전주: 전주부사국역편찬위원회, 137쪽.
96) 홍성덕 외 역, 2009, 『국역 전주부사』, 전주: 전주부사국역편찬위원회, 144쪽.

97) 全州会, 1979,『全州 : 全州会創立第二十五年記念号』, 東京: 全州会, 15~16쪽.
98) 全州会, 1979,『全州 : 全州会創立第二十五年記念号』, 東京: 全州会, 서문, 1, 36쪽 등.
99) 허점봉이 전주회 25주년 기념호 회원 명부에 등재되어 있다.
100) 홍성덕 외 역, 2009,『국역 전주부사』, 전주: 전주부사국역편찬위원회, 764쪽.
101) 홍성덕 외 역, 2009,『국역 전주부사』, 전주: 전주부사국역편찬위원회, 287쪽.
102) 홍성덕 외 역, 2009,『국역 전주부사』, 전주: 전주부사국역편찬위원회, 455쪽.
103) 홍성덕 외 역, 2009,『국역 전주부사』, 전주: 전주부사국역편찬위원회, 379쪽.
104) 홍성덕 외 역, 2009,『국역 전주부사』, 전주: 전주부사국역편찬위원회, 697~698쪽.
105) 홍성덕 외 역, 2009,『국역 전주부사』, 전주: 전주부사국역편찬위원회, 516쪽.
106) 홍성덕 외 역, 2009,『국역 전주부사』, 전주: 전주부사국역편찬위원회, 521쪽.
107) 임경석, 2014,「일본인 조선 연구: 사상 검사 이토 노리오(伊藤憲郎)의 사회주의 연구를 중심으로」,『한국사학사학보』제29집, 서울: 한국사학사연구학회, 229쪽.
108) 홍성덕 외 역, 2009,『국역 전주부사』, 전주: 전주부사국역편찬위원회, 650쪽.
109) 한국사데이터베이스 근현대인물자료(검색어: 伊藤憲郎).
110) 한국사데이터베이스 근현대인물자료(검색어: 芳賀文三).
111) 홍성덕 외 역, 2009,『국역 전주부사』, 전주: 전주부사국역편찬위원회, 화보(역대 읍·면장).
112) 주소와 전화번호가 쓰여 있으나, 개인정보로 번역에서 생략하였다.
113) 이 책은 개정판을 기준으로 다음의 2권의 책을 말한다. 제1권은 장명수, 2008,『일제의 전주 침탈과 식민시대 구술실록: 1907~1945』전주: 전주문화재단, 제2권은 장명수, 2009,『전주의 8·15해방과 6·25전쟁 격동시대 구술실록: 1945~1960』, 전주: 전주문화재단이다.

全州会創立第二十五年記念号
조선에 전주가 있다

인쇄 2025년 7월 28일
발행 2025년 8월 01일

지은이 전주회 편
옮긴이 김창주
기획·편집 이종호
발행인 서정환
펴낸곳 신아출판사
주소 전북 전주시 완산구 공북 1길 16(태평동 151-30)
전화 (02) 3675-3885 (063) 275-4000
팩스 (063) 274-3131
이메일 shina321@hanmail.net
출판등록 제465-1984-000004호
인쇄·제본 신아문예사

저작권자 ⓒ 2025
이 책의 저작권은 저자에게 있습니다. 서면에 의한 저자의 허락 없이 내용의 일부를 인용하거나 발췌하는 것을 금합니다.
COPYRIGHT ⓒ 2025
All right reserved including the rights of reproduction in whole or in part in any form.

저자와 협의, 인지는 생략합니다.
잘못된 책은 바꿔 드립니다.

ISBN 979-11-94595-76-2 (03300)
값 15,000원

Printed in KOREA